ullstein

Das Buch

Wie viele Haare hat ein Mensch auf dem Kopf? Warum ist die Erde rund? Und was passiert, wenn die Olympische Fackel ausgeht? Unser Alltag besteht aus tausend kleinen und großen Geheimnissen, für die Erwachsene oft keine Zeit haben. Willi findet: Echte Reporter dürfen nie ganz erwachsen werden und auch niemals aufhören, wissensdurstig zu bleiben. 100 der spannendsten Kinderfragen hat er in diesem Buch beantwortet.

Willi Weitzel, geboren 1972 in Stadtallendorf, studierte in München und arbeitet seit den 90er Jahren als Kinderreporter für den *Bayerischen Rundfunk*. Er moderiert die mehrfach ausgezeichnete *ARD*-Sendung *Willi wills wissen*. 2009 kam sein Film *Willi und die Wunder dieser Welt* in die Kinos. 2010 erhielt er den Adolf-Grimme-Preis.

Florian Sailer, Journalist und Autor, lebt in München. Er arbeitete in der Redaktion von *Willi wills wissen* und wirkte maßgeblich am Buch zum Film *Willi und die Wunder dieser Welt* mit.

Gute Frage, nächste Frage

Willi gibt schlaue Antworten auf clevere Fragen

Mit Florian Sailer

Illustriert von Anja Filler

Ullstein

Besuchen Sie uns im Internet:
www.ullstein-taschenbuch.de

Die Angaben und Ratschläge in diesem Buch sind von Autoren und Verlag sorgfältig erwogen und geprüft; dennoch kann eine Garantie nicht übernommen werden. Eine Haftung der Autoren bzw. des Verlags und seiner Beauftragten für Personen-, Sach- und Vermögensschäden ist ausgeschlossen.

Dieses Taschenbuch wurde auf FSC-zertifiziertem Papier gedruckt.
FSC (Forest Stewardship Council) ist eine nichtstaatliche, gemeinnützige Organisation, die sich für eine ökologische und sozialverantwortliche Nutzung der Wälder unserer Erde einsetzt.

Originalausgabe im Ullstein Taschenbuch
1. Auflage Oktober 2010

Umschlaggestaltung: HildenDesign, München
Titelabbildung: © cosma/shutterstock und © megaherz für den Bayerischen Rundfunk
Satz: KompetenzCenter, Mönchengladbach
Gesetzt aus der Esperanto
Papier: Pamo Super von Arctic Paper Mochenwangen GmbH
Druck und Bindearbeiten: CPI – Ebner & Spiegel, Ulm
Printed in Germany
ISBN 978-3-548-37351-5

Inhalt

Willis TIERISCHES Wissen

Willis NATÜRLICHES Wissen

Vorwort

Herzlich Will(i)kommen!

Ich freue mich sehr, dass ihr heute mein Buch *Gute Frage, nächste Frage* in den Händen halten könnt. Eins ist klar: Ohne euch würde da gar nichts drinstehen. Ihr seid nämlich der Wahnsinn: Fast 10.000 Briefe und E-Mails mit spannenden Fragen habe ich von euch bekommen, eine besser als die andere!

Ihr fragt genau das, was sich die Erwachsenen nicht zu fragen trauen oder wovon die Erwachsenen meinen: »Weiß ich doch schon …«. Ganz oft wissen sie's aber doch nicht so genau. Fragt eure Eltern mal, warum genau der Himmel blau ist und wie eigentlich die Streifen in die Zahnpasta kommen oder das Salz ins Meer. Oder ob die Dinos schon Karies hatten. Genau!

Hundert von euren Fragen haben mein Kollege Florian Sailer und ich uns für dieses Buch rausgesucht. Bitte nicht traurig sein, falls euer Name nicht unter der Frage steht, obwohl ihr sie mir auch geschickt habt: Manche Fragen haben so viele von euch beschäftigt, da konnten wir einfach nicht alle Namen hinschreiben. Sonst wär's ja kein Gute-Fragen-Buch geworden, sondern ein Schöne-Namen-Lexikon. Jedenfalls: Vielen Dank für eure Fragen. Es ist höchste Zeit, dass ihr gute Antworten bekommt!

Die zu finden war oft gar nicht so leicht, wie sich die Frage im ersten Moment angehört hat. Häufig sind die einfachsten Fragen einfach die besten. Wenn sogar die schlausten Experten ins Grübeln kommen, dann weiß der erfahrene Reporter Willi: Genau richtig gefragt! Antworten haben wir am Ende natürlich doch auf jede Frage gekriegt. Mal sind sie kürzer, manchmal auch ein bisschen länger. Komplizierte Dinge lassen sich eben einfach nicht immer einfach erklären.

Manchmal hab ich sogar Forscher Sachen gefragt, die noch gar nicht so richtig gut erforscht sind. In so einem Fall kann man dann nur sagen, was die Experten heute *glauben*. Wie die Antwort in ein paar Jahren ausfallen wird, weiß natürlich keiner. Da müssen viele neugierige Nachwuchsforscher ran, die weiter nach Erklärungen suchen!

Vielen Dank für eure vielen netten Briefe! Ich als alter Reporterhase hab viel dazugelernt, und ich hoffe, euch geht's mit diesem Buch genauso. Also, immer schön neugierig bleiben!

Jetzt aber: Los geht's und viel Spaß!

Euer

Willi

PS: Lange Antworten sind am Ende von jedem Eintrag unter »Willis Wissen« noch mal kurz und knapp zusammengefasst. Ganz so, wie ihr's aus *Willi wills wissen* gewohnt seid. So, jetzt geht's aber wirklich los ...

Willis ALLTÄGLICHES Wissen

»Kann Schimmelkäse schimmeln?«
»Warum heißt das Klo auch ›00‹?«
»Wieso gibt's im Flugzeug Schwimmwesten,
aber keine Fallschirme?«

Warum klebt Kleber überall, aber nicht in der Tube?

Julia aus Neuburg an der Donau

Na, das wäre ja doof, wenn wir im Laden Tuben mit Klebstoff kaufen würden und dann zu Hause jedes Mal feststellen müssten, dass der Kleber schon verklebt ist, steinhart und nicht aus seiner Hülle zu kriegen. Dann würden wir uns bald gar keinen Kleber mehr kaufen. Deshalb haben sich die Hersteller ein paar Tricks überlegt, damit der Kleber in der Tube schön flüssig bleibt.

Beim Bastelkleber heißt die Lösung: Lösungsmittel! In so einer Tube sind nämlich nicht nur Kleberteilchen, sondern auch sogenannte *Lösungsmittel*. Die Kleberteilchen heißen *Polymere*. Unter dem Mikroskop betrachtet sehen sie aus wie winzige, lange Ketten aus verschiedenen Teilchen, die man *Moleküle* nennt. Diese Molekülketten können sich ineinander verknäulen und verhaken – und deshalb kleben. Die Lösungsmittel – meistens einfach Wasser oder Alkohol – verhindern, dass sich die Ketten schon in der Tube verhaken. Dafür legen sie sich wie eine zweite Haut um jedes einzelne Kleberteilchen herum. So können sich die Ketten nicht verheddern.

Stellt euch die Tube vor wie ein Aquarium. Darin schwimmen ein paar Fische (die Polymere) in viel Wasser (dem Lösungsmittel) herum. Die Fische berühren sich nicht. Wird aus dem Aquarium aber Wasser abgelassen, rücken die Fische automatisch enger zusammen. Irgendwann wird's richtig eng, und sie berühren sich. Wenn sich die Polymere berühren, verhaken sie sich – und der Kleber klebt.

Genau das passiert, wenn ihr den Bastelkleber aus der Tube herausdrückt. Draußen an der Luft verdunstet das Lösungsmittel nämlich einfach. Wie ein auf den Tisch gekleckerter Limonadentropfen. Es bleiben nur noch die langen Kleberketten übrig, die sich sofort ineinander und mit ihrer Umgebung verhaken. Der Kleber wird trocken, hart und fest.

Bastelkleber sind also schon fertig in der Tube und bleiben mit Hilfe der Lösungsmittel flüssig. Drückt man den Kleber heraus (natürlich möglichst genau dahin, wo er kleben soll), verdampft das Lösungsmittel an der Luft, und es bleibt nur noch der pappende Klebefilm übrig. Damit das nicht schon in der Tube passiert, ist sie luftdicht verschlossen. Wenn durch die Tubenöffnung aber doch Luft rankommt, kann sie verkleben. Je länger die Tube offen herumliegt, desto härter wird deshalb auch der Kleber in ihrem Inneren. Logisch, oder?

Möglichkeit zwei: Der Sekundenkleber

Ein Spezialfall sind die besonders kräftigen Sekundenkleber. Da ist eigentlich gar kein richtiger Kleber in der Tube, sondern nur die Bausteine dafür. Das letzte Puzzleteil fehlt: Feuchtigkeit. Sobald der Sekundenkleber die Tube verlässt, setzt die Feuchtigkeit der Luft eine chemische Reaktion in Gang. Erst dadurch kann der Sekundenkleber »polymerisieren«, also die langen Ketten bilden, die sich verknäulen und ziemlich fest zupacken. Zwei Flächen brauchen jeweils einen kleinen Klebefilm und müssen dann schnell zusammengedrückt werden. Mit Feuchtigkeit und Druck klebt Sekundenkleber superschnell – und bombenfest.

! ***Vorsicht:*** Als Feuchtigkeitslieferant reicht dem Sekundenkleber auch der dünne Schweißfilm auf dem Finger! Wenn die Finger zusammenkleben, kann's schmerzhaft werden. Bloß nicht mit Gewalt auseinanderreißen! Am besten kriegt ihr die Finger wieder mit Öl auseinander, also zum Beispiel Sonnenblumenöl aus der Küche. Das ist glitschig und mogelt sich zwischen die verknäulten Polymerketten. So lösen sich die Ketten – und die Klebefinger.

Willis Wissen: Kleber in der Tube braucht noch was, damit er klebt. Der eine Sauerstoff, der andere Druck plus Feuchtigkeit aus der Luft. In der luftdichten Tube kann der Papp jedenfalls nicht pappen bleiben.

Kann Schimmelkäse verschimmeln?

Nicole aus München

Ja, Schimmelkäse kann verschimmeln! Erstmal ist es natürlich so, dass Schimmelkäse schon verschimmelt ist, sonst würde er ja nicht so heißen. Was ihr sicher als flauschigen weichen und weißen Teppich auf Camembert oder Brie kennt, ist guter Schimmel, sogenannter *Edelschimmel* oder *Kulturschimmel*. Er wird in der Käserei extra gezüchtet und gibt dem Käse erst seinen besonderen Geschmack. Lecker! Reinbeißen!

Dieser essbare Schimmelpilz heißt *Penicillium camemberti*. Auf besonderen würzigen Käsesorten wie Gorgonzola oder Roquefort kommt auch der Schimmelpilz *Penicillium roqueforti* vor. Er ist nicht weiß wie der Camemberti, sondern eher bläulich oder grün und im Käseinneren zu finden. Auch er darf verspeist werden. Wichtig: Wenn der Käse absichtlich dem guten Geschmack wegen »verschimmelt« wurde, steht eigentlich immer irgendetwas wie »mit Edelschimmel« auf der Packung.

Wie viele andere Lebensmittel – und vor allem welche aus Milch – kann aber auch Käse »böse« verschimmeln. Pilzsamen, die *Sporen* heißen, fliegen immer und überall durch die Luft und lassen sich nieder, wo es ihnen nahrhaft erscheint. Wilder Schimmel kann manchmal sogar giftig sein und darf auf keinen Fall mitgegessen werden!

! ***Achtung:*** Wenn der Käse grünlich-weiß, braun oder sogar schwarz und vielleicht auch noch ungleichmäßig verschimmelt ist und »Schimmelhaare« hat: Lieber Finger weg! Es gibt ungefähr 1.000 verschiedene Schimmelpilze, die sich auch gern auf Brot, Marmelade oder Joghurt breitmachen. Oft sieht man außen nur einen kleinen Teil davon, der Rest wächst im Inneren. Wenn Käse komisch aussieht und dazu auch noch mufflig nach feuchtem altem Keller riecht, ist er schlecht!

Auch einem feinen weißen Kulturschimmel-Käse kann es in Ausnahmefällen passieren, dass ihn wilder Schimmel befällt. Vor allem, wenn er schon älter ist und nicht kühl genug gelagert wurde. Das erkennt man aber meistens sofort. Augen und Nase auf – dann kann eigentlich nichts passieren. Und im Zweifel immer: Lieber nicht essen.

Willis Wissen: Guter Kulturschimmel wird extra gezüchtet und ist lecker. Falls ein Käse aber seltsam braun-grün-schwarz aussieht und erdig müffelt, ist die Gefahr groß, dass er von bösem Schimmel befallen wurde. Lieber zweimal mehr nachfragen als einmal zu wenig.

Wie wird Kaugummi gemacht?

Luca aus Bodenwerder

Ich habe unter anderem beim Deutschen Kaugummi-Verband nachgefragt. Ja, den gibt's wirklich! Jede Kaugummisorte entsteht nach einem Geheimrezept, das die Hersteller natürlich nicht verraten. Aber es gibt ein paar Zutaten, die immer gleich sind. Das Wichtigste ist die *Kaumasse* oder *Base* – also der Gummi, auf dem wir herumkauen. Der wird normalerweise künstlich hergestellt. Dazu kommen verschiedene Geschmacksrichtungen (*Aromen*), die Geheimzutaten und manchmal Zucker.

Die Kaumasse kann auch natürlich aus dem Harz oder Milchsaft verschiedener Bäume gewonnen werden. Ein wichtiger Base-Lieferant ist zum Beispiel der südamerikanische Sapotill-Baum, der auch »Breiapfel-Baum« heißt. Er wird alle acht Jahre »gemolken«. Aus dem Milchsaft entsteht dann *Chicle*, die Grundlage für Kaugummi. Ein weiterer natürlicher Gummi-Lieferant ist der Kautschuk-Baum. KAUtschuk heißt aber nicht so, weil aus ihm KAUgummi gemacht wird. In der Sprache der heimischen Indianer bedeutet Kautschuk wohl »Baumträne«. Wenn der Baum »gemolken« wird und der Gummi-Saft in einen Eimer fließt, sieht es nämlich aus, als würde er weinen.

Die Grundlage für Kaugummi ist also entweder natürliche oder künstliche Kaumasse. Die wird in der Fabrik erst einmal erhitzt und gewaschen. Danach kommt sie in einen großen Mixer, der sie mit verschiedenen (geheimen) Geschmacksstoffen wie Pfefferminze oder Erdbeere, mit Zucker oder Zuckerersatz und mit Weichmachern vermischt.

Heraus kommt so etwas wie ein riesiger Berg Plätzchenteig. Der wird gewalzt und gerollt, bis er schön dünn ist. Anschließend schneiden Maschinen den platten Kaugummi in die Formen, die wir kennen. Damit die vielen

Kaugummis nicht aneinander oder in der Verpackung kleben bleiben, kommt noch Puderzucker oder ein Ersatzstoff drüber. Dann kann die Reise in den Supermarkt starten.

☞ ***Übrigens:*** Aus Versehen einen Kaugummi verschluckt? Ist nicht gut, aber auch nicht so schlimm – der kommt schon wieder raus.

Ein viel größeres Problem: Kaugummis werden künstlich hergestellt und verrotten nicht. Darum bleiben sie am Schuh oder auf dem Gehweg ewig kleben. Besser für die Umwelt ist es, den alten Kautschi nicht einfach auszuspucken, sondern ihn in ein Stück Papier zu wickeln und dann in die Tonne zu werfen. Und besser für eure Zähne sind natürlich Kaugummis ohne Zucker.

Im Durchschnitt kaut jeder Deutsche einhundert Kaugummis im Jahr – 100! Dass Kaugummikauen cool, vor allem aber beruhigend ist und sogar die Konzentration steigern kann, wussten übrigens schon die Alten Griechen und Römer – sie sollen auf verschiedenen Baumharzen herumgekaut haben. Den ältesten »Kaugummi« der Welt schätzen Forscher auf 9.000 Jahre: In Südschweden wurde ein Stück Birkenpech mit Zahnabdrücken gefunden.

💡 ***Willis Wissen:*** Aus natürlicher oder künstlich hergestellter Gummi-Kaumasse wird nach geheimen Rezepturen Kaugummi gemacht.

Warum hat die Feuerwehr eigentlich immer rote Autos?

Anna aus Nürnberg

Ist die Feuerwehr deshalb rot, weil Feuer rot ist und die Feuer*wehr* kommt und das Feuer bekämpft? Nein. Feuer ist ja auch gar nicht rot, sondern eher gelb-orange. Rot ist zunächst einmal eine auf der ganzen Welt anerkannte Warnfarbe. Schon für die Menschen in der Steinzeit bedeutete das Rot des Blutes: *Achtung, Aufpassen, Vorsicht, Alarm!* Und diese Signal- und Alarmfunktion hat die Farbe bis heute. Denkt nur an die rote Ampel, die rot-weiße Bahnschranke, das Stoppschild oder die Rote Karte im Fußball. Rot ist außerdem eine Farbe, die in der Natur nur selten richtig knallig vorkommt und deswegen auf jeden Fall heraussticht und auffällt. Passt also gut zur Feuerwehr, die im Einsatz ja auch auffallen muss.

Heute ist es so, dass Feuerwehrautos überwiegend, also weit mehr als zur Hälfte, rot sein *müssen* (genau gesagt: zu mehr als 70 Prozent). Der Rest dürfen weiße oder auch bunte Streifen sein. Und für das Rot sind immerhin zwei verschiedene Farbtöne zugelassen: das dunkle *Feuerrot* und das hellere, knallige *Leuchtrot*. Habt ihr bestimmt beide schon an Feuerwehrautos gesehen. Auf diese Regeln haben sich zurzeit alle Bundesländer in Deutschland geeinigt. Das muss aber nicht so bleiben. Grundsätzlich legt nämlich jedes Bundesland in Deutschland die Feuerwehrfarbe einzeln fest. Es könnte also irgendwann passieren, dass die Feuerwehrautos in Mecklenburg-Vorpommern blau sind, die in

Rheinland-Pfalz grün, in Schleswig-Holstein gelb, in Thüringen pink und in Bayern türkis. Die Chancen dafür sind aber nicht groß. Wäre ja nur verwirrend.

Kunterbunte Feuerwehren gab es aber schon mal in Deutschland, berichtete mir Gerd Schrammen vom Deutschen Feuerwehrmuseum in Fulda. Vor dem Zweiten Weltkrieg war die Farbe der Feuerwehr manchmal sogar von Stadt zu Stadt unterschiedlich. Es gab damals Feuerwehrautos in Rot, Blau oder Grün. Im Dritten Reich gehörte die Feuerwehr zur Polizei und fuhr deshalb ab 1938 mit *polizeigrünen* Autos herum. Im Krieg ging irgendwann die grüne Farbe aus, und die Feuerwehr wurde aus Farbmangel wieder bunter: grau, braun oder sandgelb. Nach dem Zweiten Weltkrieg einigten sich die Feuerwehren dann auf ein dunkles Rot als einheitliche Farbe – es gab aber noch Ausnahmen. Seit 1958 galt die offizielle *Empfehlung*, das heutige Rot als Warn- und Signalfarbe zu benutzen. Trotzdem rückten auch danach noch weiße und andersfarbige Feuerwehren zum Einsatz aus. Dass die Feuerwehr wirklich rot oder zum größten Teil rot ist, wurde in Deutschland erst 1971 *festgeschrieben*, also vor ungefähr 40 Jahren. Heute gilt diese Regel schon wieder nicht mehr ganz so streng: Es genügen, wie gesagt, *zum größten Teil rote* Feuerwehrautos.

☞ ***Übrigens:*** Die Feuerwehrfarbe ist nicht überall auf der Welt rot. In Amerika zum Beispiel tauchen Feuerwehrautos in so ziemlich allen Farben auf – von weiß bis neongrün. Auf den Inseln von Hawaii, die ja zu Amerika gehören, ist die Feuerwehrfarbe zum Beispiel knallgelb.

Gute Farbe! Ich meine natürlich: Gute Frage!

Warum heißt das Klo oft auch »00«?

Milena aus Augsburg

Es gibt ja viele Namen fürs Klo. Warum es »Stilles Örtchen« heißt, ist klar: Da hat man normalerweise seine Ruhe. Auch woher »Donnerbalken« kommt, ist einfach. Oder? »WC« stammt aus dem Englischen von »**W**ater **C**loset«, also Klo(sett) mit Wasserspülung. Die »Toilette« kommt von dem französischen Wort »toile«. Damit bezeichnete man früher ein Leinentüchlein, auf dem die Schmink- und Pflegesachen der feinen Damen ausgebreitet waren, mit denen sie gekämmt, geschminkt und schöngemacht wurden. Im selben Zimmer stand auch ein Stuhl mit Becken für die »Notdurft«. Der ganze Raum mit dem Tüchlein und dem Klostuhl drin erhielt den Namen »toilé-tte«. Heute benutzen wir Toilette nur noch gleichbedeutend mit Klo. Manchmal sagt man aber auch heute noch »die Morgentoilette machen« und meint damit Zähneputzen, Waschen, Frisieren und Schminken.

Aber die Frage ist ja, warum das Klo auch Nullnull heißt. Dazu gibt es verschiedene Theorien. Manche Leute erinnert das »00« an zwei Pobacken, andere sehen darin eine Kloschüssel mit aufgeklappter Klobrille – von der Seite betrachtet. Lustig, aber doch alles Quatsch, wenn ihr mich fragt.

Die wahrscheinlichste Erklärung ist diese: Vor weniger als 200 Jahren wurden die ersten Klos in Häuser eingebaut. Vorher benutzte man echte »Donnerbalken«, von denen alles direkt in Flüsse oder auf die Straßen platschte. Was entsprechend stank. Pfui! Zuerst in Hotels setzten sich dann irgendwann »Etagenklos« durch. Also eine Toilette pro Stockwerk. Meistens war die in der Nähe vom Treppenhaus oder vom Fahrstuhl. Dort fing man auch an, die Zimmer zu nummerieren: 1, 2, 3, 4, 5 und so weiter. Damit niemand in der Nacht aus Versehen in ein fremdes Hotelzimmer tapste, wenn er im Dunkeln das Klo suchte, bekam das WC eine eindeutige Nummer: die Null, das erste Zimmer nach der Treppe – aber eben kein normales, sondern eins mit besonderer Aufgabe! Für dieses sehr spezielle Örtchen setzte sich die doppelte Null durch. Also Null-Null oder 00.

☞ ***Übrigens:*** Schon die Alten Römer hatten vor mehr als 2.000 Jahren so etwas wie ein Klo mit Wasserspülung. Die sogenannten *Latrinen* waren öffentliche Häuser mit Löchern in den Sitzbänken. Darunter lief eine Art künstlicher Bach vorbei, der alles mitnahm, was die Menschen durch die Löcher plumpsen ließen. Die Latrinen waren geheizt und ein beliebter Treffpunkt. Man saß dicht an dicht, lachte, scherzte und furzte. Anders als heute war es damals ganz normal, anderen beim Klogang zuzuschauen. Wahrscheinlich sagen wir deshalb auch, wir »machen unser Geschäft«, wenn wir aufs Klo gehen.

Bei unseren heutigen Toiletten gibt's übrigens große Unterschiede. Die lustigsten habe ich in Japan entdeckt, als ich für meinen Kinofilm um die Welt gereist bin. Die Klos in Tokio sind supermodern und können die tollsten Dinge: den Popo waschen, föhnen und massieren zum Beispiel. Und sie spielen Musik oder lassen Wasser laufen, sobald man sich draufsetzt – damit draußen keine Furzgeräusche zu hören sind. Viele Klobrillen sind beheizt und können im Sommer gekühlt werden. Verrückt!

Für uns ist ein sauberer, eigener »Thron« heute eine Selbstverständlichkeit. Trotzdem haben vier von zehn Menschen auf der Welt immer noch keinen Zugang zu einer ordentlichen Toilette. Sie müssen sich den Abort mit vielen anderen teilen und werden dadurch öfter krank. Oder es bleibt ihnen überhaupt nur die freie Natur – fast wie im Mittelalter.

Willis Wissen: Die Bezeichnung »00« kommt aus den ersten Hotels mit Etagenklos und sollte eine wirklich eindeutige Nummerierung sein: das *nullnullte* Zimmer mit einem eindeutigen Spezialauftrag.

In diesem Sinne: Gute Geschäfte und gute Frage!

Warum können Flugzeuge fliegen, obwohl sie so schwer sind?

Linus aus Arnstein-Sachserhof

Die Frage ist mir schon oft gestellt worden. Und sie hat's wirklich in sich. Bis Flugzeuge fliegen lernten, mussten die ersten Konstrukteure lange tüfteln und kräftig bei den Vögeln spicken. Nicht umsonst schaut ein Flugzeug einem Vogel ziemlich ähnlich.

Alles hängt an vier Dingen: Das *Gewicht* drückt den Flieger nach unten, der *Schub* schiebt ihn von hinten an, vorne trifft er auf den *Luftwiderstand*, und wenn alles klappt, zieht ihn der *Auftrieb* schließlich nach oben in die Luft.

Aber der Reihe nach: Flugzeuge sind natürlich viel schwerer als Vögel. Das derzeit größte Passagierflugzeug der Welt, der Airbus A380, mit dem bis zu 800 Menschen gleichzeitig verreisen können, wiegt vollbeladen 560 Tonnen oder 560.000 Kilogramm. Ich wiege 75 Kilo, also wiegt der A380 so viel wie 7467 Willis oder ungefähr so viel wie 80 ausgewachsene Afrikanische Elefantenbullen. Die gelten immerhin als die größten lebenden Landsäugetiere der Welt. Grundsätzlich hält die *Erdanziehungskraft* alles auf dem Boden: die Maus, das Papierschiffchen, uns Menschen, den Teller Nudeln. Und einen dicken Flieger natürlich auch.

Damit sich der »Blechvogel« überhaupt in Bewegung setzen kann, braucht er viel Antrieb oder *Schub*. Den kriegt er vom Propeller oder aus Düsentriebwerken. Wie Ventilatoren saugen die vorne Luft an und stoßen sie nach hinten kräftig wieder raus. Das funktioniert wie ein prall aufgeblasener Luftballon, den ihr nicht verknotet, sondern einfach loslasst: Die hinten ausströmende Luft treibt den Luftballon vorwärts durchs Zimmer.

Volle Kraft voraus!

Ordentlich Schub ist dringend notwendig: Eine große Passagiermaschine wie der Jumbo-Jet braucht vollbeladen einen Anlauf von ungefähr drei Kilometern, bis sie die Erdanziehung endlich austrickst und abhebt. Dabei wird sie bis zu 350 Stundenkilometer schnell – schneller als ein Formel-1-Auto auf der Geraden. Mit dem Schub muss das Flugzeug nicht nur sein Gewicht in Fahrt bringen, sondern auch den *Luftwiderstand* überwinden. Den kennt jeder, der schon mal – vorsichtig!! – die flache Hand aus dem offenen Autofenster gestreckt hat. Die kleine Handfläche, gegen die die Luftteilchen des Fahrtwinds knallen, genügt schon, dass man sie ab einer gewissen Geschwindigkeit nicht mehr gerade halten kann – der Widerstand ist zu groß. Ein riesiges Flugzeug hat eine viel größere Fläche, die es dem Wind entgegensetzen muss.

Mit viel Schub hat das Flugzeug sein eigenes Gewicht und den Luftwiderstand, der von vorne dagegen drückt, überwunden. Es rast die Startbahn entlang. Vom Fahren zum Fliegen fehlt jetzt nur noch der *Auftrieb*.

Der Schlüssel dafür sind – logisch – die *Flügel*. Jeder Flügel teilt den Luftstrom – so wie die Hand aus dem Autofenster. Die Luftteilchen strömen oben und unten vorbei. Allerdings ist der Flügel wie ein Vogelflügel vorn dicker als hinten und nach oben gewölbt. Das könnt ihr nachmachen, indem ihr – wieder: vorsichtig! – die rechte Hand aus dem rechten Autofenster haltet und den rechten Daumen etwas nach oben kippt. Merkt ihr was? Genau: Auftrieb! Die Hand wird nach oben weggedrückt.

Die besondere Flügelform bewirkt, dass sich an der unteren Seite ein Stau bildet. Luftteilchen prallen an den Flügel und müssen abbremsen. Dadurch sammeln sich sehr viele auf engem Raum und drücken wie ein Luftkissen von unten gegen den Flügel. Auf der Oberseite herrscht dagegen kein Stau, denn es ist kein Flügel im Weg, sondern im Gegenteil viel Platz und nix los. Die Luftteilchen können ungehindert vorbeiflitzen. Je größer der Unterschied zwischen oben und unten ist, desto stärker wird der Auftrieb. Und je schneller das Flugzeug fährt, desto größer wird der Unterschied. Die Geschwindigkeit erzeugt also *dynamischen Auftrieb*, der den Flieger regelrecht nach oben saugt. Sobald der Auftrieb größer ist als Gewicht und Widerstand, hebt der Blechvogel ab und fliegt.

Willis Wissen: Damit ein Flugzeug in die Luft gehen kann, muss es sein Gewicht und den Luftwiderstand überwinden. Wenn es schnell genug fährt, drücken langsame Luftteilchen den Flügel von unten nach oben, und die schnellen ziehen kräftig von oben. So entsteht Auftrieb. Hurra, der Flieger fliegt!

Wieso gibt's in Flugzeugen Schwimmwesten, aber keine Fallschirme?

Paul aus Inning

Gute Frage – überraschende Antwort: Fallschirme wären viel zu gefährlich! Flugzeuge sind eigentlich sehr sichere Verkehrsmittel, Unfälle passieren ziemlich selten. Viele Leute fliegen aber trotzdem ungern, weil der Mensch von Natur aus einfach nicht dafür gemacht ist, durch die Luft zu schweben. In so einer Blechdose fühlen sich Menschen oft hilflos und ausgeliefert. Fallschirme würden das aber ganz bestimmt nicht besser machen. Falls wirklich mal ein Notfall eintritt, würden sie die Passagiere sogar in noch größere Gefahr bringen!

Wenn überhaupt mal was schiefgeht auf einem Flug, dann am ehesten beim Start oder während der Landung. Da ist das Flugzeug allerdings entweder noch oder schon wieder auf dem Erdboden, und ein Fallschirm würde sich auf dem kurzen Weg von der Flugzeugtür zum Boden niemals öffnen und damit auch keinen Sinn machen.

Was ist mit einem Notfall in der Luft? Auch da bringen Fallschirme aus mehreren Gründen nichts, wie mir die Techniker von der Fluglinie Lufthansa bestätigt haben.

Keiner für den Notfall: Der Fallschirm

Erstens: Passagierflugzeuge fliegen in bis zu 12.500 Metern Höhe. Das sind mehr als zwölf Kilometer! Zum Vergleich: Der *Mount Everest*, der höchste Berg der Welt, ist knapp 9.000 Meter hoch. Auf seinen Gipfel schaffen es nur sehr wenige wirklich guttrainierte Bergsteiger. Das Problem: Schon in dieser Höhe ist die Luft sehr dünn, enthält also wenig Sauerstoff zum Atmen. Deshalb nehmen sich die meisten Bergsteiger Sauerstoff in Sauerstoffflaschen mit. Schon auf hohen Bergen kann der Mensch nicht mehr normal atmen und droht zu ersticken. Noch sehr viel größer ist die Gefahr – logisch – ein paar tausend Meter weiter oben. Darum sitzen die Menschen im Flugzeug auch in einer sogenannten *Druckkabine*. Sie hält den Luftdruck künstlich hoch, und die Passagiere können ungefähr so gut atmen wie auf einem rund 2.000 Meter hohen Berg.

Argument eins gegen Fallschirme: die dünne Luft in großer Höhe. Aussteiger würden ersticken.

Zweitens: So weit oben ist es frostiger als am Nordpol. Minus 50 Grad Celsius und kälter sind in 10.000 Metern über der Erde ganz normal. Die Fluggäste würden wohl erfrieren. Viele kommen ja vielleicht gerade aus dem Urlaub und haben nur kurze Hosen und T-Shirts an.

Argument zwei: die Kälte.

Drittens: Dazu kommt, dass ein großes Flugzeug sehr schnell unterwegs ist. Es fliegt da oben 800 bis 900 Stundenkilometer, also zwei- bis dreimal so schnell, wie ein Formel-1-Rennwagen über die Rennstrecke brettert. Bei solchen Geschwindigkeiten ist es unmöglich, die Tür aufzumachen und »auszusteigen«. Das hängt auch mit der Druckkabine zusammen. Aber selbst wenn das gelingen würde, wäre es viel zu gefährlich, weil der Springer leicht in das Düsentriebwerk gesaugt werden oder gegen den Flügel krachen könnte.

Argument drei: die Fluggeschwindigkeit.

Viertens: Der vierte Grund, warum Fallschirme im Flugzeug keine gute Idee wären, hat mit den Passagieren zu tun: Die allerwenigsten sind jemals in ihrem Leben mit einem Fallschirm aus einem Flugzeug gesprungen. Sie wissen gar nicht, wie das geht, und hätten große Angst. Außerdem würden die Passagiere bei einem drohenden Absturz sowieso in Panik geraten und alle gleichzeitig mit dicken Fallschirmrucksäcken zu den Ausgängen laufen. Es gäbe ein großes Chaos und würde ewig dauern, bis alle draußen wären. In das größte Passagierflugzeug der Welt, den Airbus A380, passen schließlich 800 Fluggäste!

Argument vier: die Menschen.

☞ ***Übrigens:*** Piloten von Düsenjägern werden speziell trainiert, damit sie im Notfall aus ihrem Flugzeug abspringen können. Sie sind höchstens zu zweit an Bord und haben einen *Schleudersitz*, der verhindert, dass sie in der Luft mit ihrem vielleicht brennenden Flugzeug zusammenstoßen. Wenn im Film der Superheld also mutig aus einem Passagierflugzeug springt, ist das in Wahrheit genau das: ein Film. Fürs echte Leben wäre das totaler Quatsch, absolut lebensgefährlich und außerdem unmöglich.

Willis Wissen: Fallschirme wären im Flugzeug absolut lebensgefährlich. Wer es trotz Panik in der Kabine und dickem Rucksack wirklich schaffen würde, die verriegelte Flugzeugtüre bei hoher Geschwindigkeit zu öffnen und hinauszuspringen, der müsste schnell vom Sog der Triebwerke wegkommen, mit dem Fallschirm perfekt umgehen können und würde trotzdem sehr wahrscheinlich erfrieren oder ersticken. Mehr Sicherheit würden Fallschirme – auch wenn es komisch klingt – im Flugzeug also auf keinen Fall bringen!

Was sollen Schwimmwesten bringen?

Fallschirme nützen nichts, aber eine Schwimmweste hat jeder Fluggast unter seinem Sitz. Die kann im Notfall wirklich Leben retten. Viele Flugstrecken führen übers Meer. Falls es Probleme gibt, kann der Pilot versuchen, auf dem Wasser zu landen. Das ist extrem schwierig, aber möglich: Im Jahr 2009 hat es ein Pilot geschafft, auf dem Hudson River notzulanden. Das ist der Fluss, der mitten durch die amerikanische Großstadt New York fließt. Eine Meisterleistung! Alle Fluggäste wurden gerettet.

Wie schnell ist »Überschallgeschwindigkeit«?

Peter aus Dresden

Überschallgeschwindigkeit bedeutet zunächst einmal: schneller als der Schall. Aber wie schnell ist der Schall? Das hängt vom Luftdruck und der Temperatur ab und davon, ob der Schall etwa in der Luft oder im Wasser unterwegs ist. Auf jeden Fall ist er ziemlich schnell: Wenn zum Beispiel der Starter bei einem Leichtathletik-Wettbewerb mit seiner Pistole das Rennen »anschießt«, ist der Schall vom Knall schon längst im Ziel, bevor die Läufer überhaupt losgelaufen sind. Der Schall ist so schnell, dass wir auf einer kurzen Strecke keine Verzögerung merken.

Unten am Boden ist der Schall schneller als in 10.000 Metern Höhe. Das hängt mit der Temperatur der Luft zusammen, die sehr weit oben schon mal minus 50 Grad Celsius beträgt und damit sehr viel niedriger ist als auf dem Boden. Unten auf der Erde bewegt sich der Schall ungefähr mit einer Geschwindigkeit von 340 Metern in einer Sekunde oder 1224 Kilometern in einer Stunde. In einer Flughöhe von 10.000 Metern sind es »nur« noch etwa 299 Meter in der Sekunde oder 1076 Kilometer pro Stunde. Das ist immer noch viel schneller als ein Passagierflugzeug mit Vollgas. Das schafft höchstens rund 900 Kilometer in einer Stunde. Wenn ihr so wollt, fliegen wir also mit »Unterschallflugzeugen« in den Urlaub. Damit ist auch klar, was *Über*schallgeschwindigkeit ist: jedes Tempo über 1076 km/h.

In der Fliegerei gibt es einen eigenen Ausdruck für Schallgeschwindigkeit. Bewegt sich ein Flugzeug genau so schnell wie sein Schall, fliegt es mit *Mach 1*, benannt nach dem Physiker Ernst Mach. Mach 2 bedeutet demnach, das Flugzeug ist genau doppelt so schnell wie sein eigener Schall.

Das Besondere am Schall ist übrigens: Er weiß nicht, wo die Ziellinie im Leichtathletik-Stadion ist, und das ist ihm auch ziemlich egal. Schall breitet sich nämlich wellenartig in alle Richtungen aus. Daher wissen alle, die irgendwo auf der Stadiontribüne sitzen, fast im Augenblick des Pistolenknalls: Achtung, das Rennen ist gerade gestartet!

Willis Wissen: Überschallgeschwindigkeit heißt: schneller als der Schall. Wie schnell das ist, hängt von der Temperatur, der Umgebung und der Höhe ab. Schall verbreitet sich unten auf der Erde nämlich schneller als in zehn Kilometern Höhe.

Was ist eine Schallmauer?

Tim aus Königsbronn

Eine Schallmauer steht nirgendwo am Himmel rum, und man kann auch nicht draufklettern. Die »Mauer« ist nur ein Bild, mit dem man sich das Ganze ein bisschen besser vorstellen kann. Nehmen wir ein besonders schnelles Flugzeug, zum Beispiel einen Düsenjet. Der beschleunigt und nähert sich langsam Mach 1 an, also seiner eigenen Schallgeschwindigkeit. Je schneller er fliegt, desto größer wird auch der Luftwiderstand.

Weil der Schall nicht einfach schneller fliegen kann, wenn er von einem Flugzeug »verfolgt« wird, holt die Maschine die Schallwellen irgendwann ein. Dabei wird die Luft um das Flugzeug immer mehr zusammengedrückt, man sagt *komprimiert*. Durch die komprimierte Luft erhöht

sich wiederum der Widerstand, der das Flugzeug bremst. Bei der Schallgeschwindigkeit Mach 1 ist er besonders groß. Diese »Mauer des Widerstands« bezeichnen wir als *Schallmauer*. Wenn der Schub der Triebwerke genügend groß ist, kann der Pilot die Mauer des Widerstands überwinden. Man sagt, das Flugzeug »durchbricht die Schallmauer«. Dabei entsteht eine Druckwelle, die wir mit einiger Verzögerung auf der Erde als lauten Knall hören können. Das ist der sogenannte *Überschallknall*.

Willis Wissen: Das mit dem Überschall ist ein schwieriges Thema: Ein Flugzeug kann seine eigenen Schallwellen ein- und überholen. Dazu muss es einen großen Widerstand überwinden, den wir Schallmauer nennen.

Beim »Durchbrechen« dieser Schallmauer entsteht eine Druckwelle, die wir als »Überschallknall« hören können.

Wenn ein Sprinter genau mit Schallgeschwindigkeit rennen würde, könnte er dann durchgehend den Knall von der Pistole hören?

Christiane aus Lüneburg

Also warum das im echten Leben nicht funktioniert, ist ja wohl klar: Der schnellste Mann der Welt, Usain Bolt, ist 100 Meter in der Weltrekordzeit von 9,58 Sekunden gelaufen. Seine Höchstgeschwindigkeit: 44,7 Kilometer pro Stunde. Schneller ist – zumindest zurzeit – kein Mensch. Der Schall schon. Der schafft locker 24-mal so viel.

Nehmen wir aber trotzdem an, ein Mensch könnte so schnell laufen wie der Schall. Der Sprinter müsste schon in dem Moment, in dem die Startpistole abgefeuert wird, genau Schallgeschwindigkeit laufen, also zum Beispiel 1224 Kilometer pro Stunde. Nur so würde das Experiment funktionieren, weil sonst der Schall ja einen uneinholbaren Vorsprung hätte. Wenn der Läufer aber genauso schnell wäre wie der Schall, dann würde er sozusagen »auf der Schallwelle reiten«, sagt Dr. Ali Gülhan vom Institut für Aerodynamik und Strömungstechnik am Deutschen Zentrum für Luft- und Raumfahrt. Dabei würde er NICHTS hören. Er wäre nämlich mittendrin in der Schallwelle, und sie würde nicht auf sein Ohr treffen können.

Warum heißt der erste Startplatz in der Formel 1 auch »Pole-Position«?

Erim aus Dortmund

Wenn Schumi, Vettel, Alonso und die anderen im letzten Training vor einem Rennen in ihre Formel-1-Rennwagen steigen, geht's eigentlich immer nur um eins: Sie wollen die schnellste Runde fahren. Wer nämlich vom Start ins Ziel die wenigste Zeit braucht, darf später im Rennen von der *Pole-Position* losfahren. Also vom Startplatz ganz vorne. Wer ganz vorne anfängt, hat natürlich bessere Chancen, als Erster ins Ziel zu fahren und zu gewinnen. Aber warum heißt der vorderste Startplatz überhaupt *Pole-Position* oder kurz *Pole*?

Die Bezeichnung kommt aus dem Pferdesport. Das englische Wort »Pole« bedeutet übersetzt »Holzpfahl«. Die Pole-Position hat bei Pferderennen immer der Reiter auf der Innenseite der Strecke. Er reitet nämlich direkt an den »Poles« entlang, den Holzpfählen, die an der Innenseite der Pferdebahn als Zaun aufgestellt sind.

Das hat einen großen Vorteil: Die Strecke auf der Innenbahn, also innen in der Kurve, ist kürzer als die Außenbahn. Deshalb hat der Reiter auf der Pole-Position die größten Gewinnchancen: Er kann den kürzest möglichen Weg ins Ziel nehmen. Wer ihn überholen will, muss schneller und außerdem weiter reiten.

Weil dies im Formel-1-Rennen genauso ist, wurde die Bezeichnung »Pole-Position« einfach übernommen. Der Fahrer auf der Pole hat von Anfang an die Möglichkeit, auf dem direktesten und damit kürzesten Weg ins Ziel zu fahren. Wer sich diesen Startplatz durch die schnellste Runde im Training erkämpft hat, hat gute Chancen auf den Sieg.

Willis Wissen: Der Ausdruck kommt aus dem Pferdesport und bezeichnet die Innenbahn. Die führt direkt an den Holzpfählen des Zauns, den »Poles«, entlang.

Wieso sind Ampeln immer rot, gelb und grün und nicht lila, blau und weiß?

Maximilian und Monique-Christin aus Bietigheim

Ich muss schon sagen: gute Frage! Da hatte ich ganz schön zu tun, eine ordentliche Antwort zu finden.

Als erste Anlage der Welt, die mit gasbetriebenen Lichtsignalen den Verkehr regelte, gilt ein Apparat, der 1868 in London in England aufgestellt wurde. Eine rote und eine grüne Lampe sollten vor allem nachts für Ordnung auf den Straßen sorgen. Tagsüber zähmten Metallarme an den Seiten der Blechkiste das Chaos, fast so wie die Arme von einem Verkehrspolizisten. Die waren aber in der Dunkelheit kaum zu erkennen, deshalb kamen nachts die beiden bunten Lichter zum Einsatz. Die neue Erfindung war übrigens nicht lange in Betrieb: Nach kurzer Zeit gab es eine Gasexplosion, und die Konstruktion war dahin.

Erst im Jahr 1913 entstand im amerikanischen Cleveland eine halbwegs ernstzunehmende elektrische Ampel mit rotem und grünem Licht. Die konnte wenigstens nicht mehr explodieren. Ihre beiden Farben wurden wohl aus dem Eisenbahnverkehr übernommen. Am Ende jedes langen Zuges baumelte nämlich schon seit vielen Jahren die berühmte »Rote Laterne«. Wahrscheinlich war es 1918 dann in der amerikanischen Autostadt Detroit, wo der immer stärker werdende Verkehr erstmals mit einer dreifarbigen rot-gelb-grünen Ampel gebändigt wurde. Wobei diese Ampel eher aussah wie ein großer Leuchtturm und mitten auf der Kreuzung stand. Die Farblampen mussten von Hand umgeschaltet werden.

Ein solcher Ampelturm tauchte in Deutschland erstmals 1924 auf, in Berlin am Potsdamer Platz. Zu dieser Zeit nahm der Verkehr auch in deutschen Städten so stark zu, dass eine gut sichtbare Verkehrsregelung dringend notwendig wurde. Zuvor waren es meist Polizisten gewesen, die mit Handzeichen oder Trillerpfeifen Ordnung ins Verkehrschaos gebracht hatten.

Bleibt die Frage nach den Farben. Rot ist die unumstrittene *Signalfarbe* der Natur: Achtung, Gefahr! Das könnte mit Blut zu tun haben. Außerdem steht Rot ganz oben im Regenbogen. Zusammen mit Grün ist es die Farbe, die unser Auge am besten und stärksten wahrnehmen kann. Im Inneren unseres Auges, auf der *Netzhaut*, haben wir nämlich drei verschiedene Arten von *Zapfen* – Sinneszellen, mit denen wir Farben erkennen. Die einen reagieren besonders stark auf rötliche Farben, die anderen auf grünliche, die dritten auf bläuliche. Alle anderen Farben sehen wir, wenn die unterschiedlichen Zapfen gleichzeitig angesprochen werden – so, wie wenn ihr in eurem Malkasten Blau und Rot zu Lila mischt. Rot und Grün sind zwei Farben, die wir besonders sicher unterscheiden können, weil dafür verschiedene Zapfen im Auge zuständig sind und nichts gemischt werden muss. Ob das nun daher kommt, dass unsere Vorfahren das blutende Tier in der grünen Wiese schnell finden mussten oder den roten Apfel im grünen Laubbaum? Wir wissen es nicht. Sicher ist: Diese zwei Farben haben eine herausragende Wirkung auf unser Auge. Rot = Achtung, Grün = Natur, Wiese, Ruhe: alles gut!

Wenn ihr euch einen Regenbogen anschaut, dann seht ihr, dass sich zwischen Rot und Grün die dritte Ampelfarbe gemogelt hat: Gelb. Ampeln sind also dem natürlichen Farbverlauf des Regenbogens ähnlich. Wahrscheinlich ist es aber so, dass sich Gelb einfach als Zwischenfarbe gegenüber Weiß durchgesetzt hat. Gelb ist sozusagen das *sichtbarere Weiß*. In der Schifffahrt und im Bahnverkehr gelten bis heute die Hauptfarben Rot, Weiß, Grün. Wenn ihr euch allerdings vorstellt, wie viel weißes Licht in unseren Städten aus Schaufenstern, Scheinwerfern und Straßenlaternen strahlt, dann macht Gelb für Ampeln absolut Sinn. Ampeln müssen auffallen!

Der Vorschlag, Ampeln lila, blau und weiß zu machen, wird sich wohl schwer durchsetzen lassen. Lila und Blau zielen im Auge auf genau dieselben Zapfen. Da kommt das Gehirn in der Hektik der Straße leicht mal durcheinander und reagiert falsch. An Ampeln kann das schnell zur Katastrophe führen. Deshalb: lieber eindeutige Signalfarben!

Willis Wissen: Rot und Grün sind die Signalfarben, die unser Auge am deutlichsten wahrnehmen kann. Gelb hat sich im Alltag als das »auffälligere Weiß« durchgesetzt.

Wer hat die Olympischen Spiele erfunden?

Isabelle aus Bollschweil

Die Olympischen Spiele wurden von den Alten Griechen der Antike erfunden. Wann genau das war, weiß man nicht sicher. Es ist ungefähr 3.000 Jahre her. Oft wird 776 vor Christus als Jahr der ersten Olympischen Spiele angegeben. Der Sportwettkampf fand in der griechischen Stadt Olympia statt, daher auch der Name.

Alle vier Jahre kamen Sportler aus ganz Griechenland in Olympia zusammen, um ein großes Sportfest zu Ehren des Götterkönigs Zeus und seiner Frau Hera zu feiern. Das Besondere: Damals waren viele Städte und Regionen untereinander verfeindet und kämpften gegeneinander. Während der Olympischen Spiele aber ruhten die Waffen, und die besten Athleten kämpften mit fairen Mitteln um den Sieg im Sport.

Alle Sportler traten damals nackt an. Sie zeigten damit, wie fit und durchtrainiert sie waren. Teilnehmen durften nur Männer. Der Sieger eines Wettkampfs bekam keine Medaille, sondern einen Kranz aus Olivenblättern auf den Kopf, ein rotes Wollband und einen Palmzweig. Und schon nach fünf Tagen endeten die Olympischen Spiele der Antike mit der Siegerehrung und einem großen Festessen. Olympiasieger waren Helden in ihren Heimatstädten, wurden oft Politiker und durften sich sogar Statuen bauen lassen.

Ungefähr tausend Jahre lang fanden in der Stadt Olympia alle vier Jahre Olympische Spiele statt. Im Jahr 393 nach Christus aber verbot Kaiser Theodosius die Wettkämpfe, weil sie ihm zu wenig christlich waren.

Die modernen Olympischen Spiele

Der Franzose Pierre de Coubertin ist der Erfinder der »Olympischen Spiele der Neuzeit«. Im Jahr 1896 erweckte er die Idee der Alten Griechen wieder zum Leben. Allerdings ein bisschen anders: Er rief jetzt die »Jugend der Welt« zusammen. Die besten jungen Sportler jedes Landes der Erde durften teilnehmen. Die ersten modernen Spiele fanden in Erinnerung an die Antike in der griechischen Hauptstadt Athen statt. Danach zogen sie alle vier Jahre in eine andere Stadt. Ab den zweiten »neuen« Olympischen Spielen im Jahr 1900 durften auch Frauen teilnehmen. 1924 wurden in Chamonix (Frankreich) die ersten Olympischen *Winter*spiele ausgetragen, und seit 1960 gibt es *Paralympics* – das sind Wettkämpfe für Spitzensportler mit Behinderung. Das Jahr 2010 steht für die ersten Olympischen Jugendspiele in Singapur (Asien) mit mehr als 3.000 Sportlern zwischen 14 und 18 Jahren.

Coubertin führte das lateinische Motto *CITIUS – ALTIUS – FORTIUS* für die Olympischen Spiele ein. Es bedeutet übersetzt *SCHNELLER – HÖHER – WEITER*. Damit ist aber weniger die Jagd nach immer neuen Weltrekorden gemeint, sondern vielmehr der »Olympische Gedanke«: Die besten Sportler der Welt treffen sich und kämpfen mit fairen Mitteln, um herauszufinden, wer der Allerbeste in der jeweiligen Sportart ist. Der Sieger bekommt eine goldene Medaille um den Hals gehängt, der Zweitbeste eine silberne, und für Platz drei gibt's Bronze. Die Namen der Goldmedaillengewinner werden jeweils in die Mauern des Hauptstadions in der Gastgeberstadt eingraviert.

Es zählt aber nicht nur Gold: Olympische Spiele sind etwas ganz Besonderes für jeden Athleten. Zwei Wochen lang treffen sich die herausragenden Sportler aus aller Welt zum Wettkampf, aber auch, um eine große Party zu feiern. »Dabeisein ist alles« hört man deshalb oft von den Sportlern – sie wollen Teil sein von diesem riesigen Spektakel. Darum sind immer auch viele Millionen Menschen zumindest zu Hause vor dem Fernseher »dabei«. Schließlich hat jeder Landsleute, die er anfeuern kann.

☞ ***Übrigens:*** Wegen dem Ersten und dem Zweiten Weltkrieg sind die Spiele seit 1896 dreimal ausgefallen: 1916, 1940 und 1944. Die nächsten Olympischen und Paralympischen Spiele sind: die Sommerspiele in London (2012) und Rio de Janeiro (2016) und die Winterspiele in Sotchi (2014). Die ersten Olympischen Winter-Jugendspiele werden 2012 in Innsbruck ausgetragen.

Willis Wissen: Die Olympische Idee kommt aus Griechenland und ist schon rund 3.000 Jahre alt. Heute sind die Spiele das wichtigste und bekannteste Sportereignis der Welt und eine ganz besondere Motivation für jeden Sportler.

Was passiert, wenn die Olympische Fackel unterwegs mal ausgeht?

Friederike aus Neuenkirchen

In Erinnerung an die »echten« Olympischen Spiele der Antike wird das Olympische Feuer immer einige Monate vor der Eröffnungsfeier in der griechischen Stadt Olympia entzündet, dann von den sogenannten *Fackelläufern* über mehrere Erdteile getragen und schließlich an den Ort gebracht, an dem die Olympischen Spiele stattfinden. Das Feuer kündigt der Welt die kommenden Spiele an.

In Olympia darf das Feuer nur in einer feierlichen Zeremonie durch die Bündelung von Sonnenlicht mit Hilfe von Spiegeln entzündet werden. Falls die Sonne an dem ausgesuchten Tag einmal nicht scheinen sollte, müssen die Olympischen Spiele trotzdem nicht ausfallen – die Veranstalter haben sicherheitshalber schon bei den Proben an den Tagen zuvor eine Ersatzflamme entfacht. Bei Sauwetter am Zeremonientag wird die Fackel einfach daran entzündet. Streichhölzer sind auf jeden Fall tabu!

Wenn der letzte Fackelläufer das Feuer zur Eröffnungsfeier ins Stadion trägt, wird mit der Fackel, also mit dem Originalfeuer aus Olympia, die große Olympische Flamme angezündet, die bis zum Schluss der Spiele ununterbrochen brennt.

Auf ihrem langen Weg macht die Fackel ganz schön was mit: Sie musste schon tauchen, Fallschirm springen, mit einem Überschallflugzeug fliegen, in den Weltraum schweben, auf Kamelen durch die Wüste reiten. Weil jeder Fackellauf besonders und außergewöhnlich sein soll, denken sich die Veranstalter immer etwas Neues aus! Die Flamme darf dabei nie ausgehen: Deshalb brennt sie heute mit Gas und wird rund um die Uhr von Sicherheitsleuten bewacht.

Aber obwohl die Fackel gut geschützt wird: Sie kann ausgehen! Das ist schon passiert. Ganz einfach durch einen kräftigen Windstoß oder durch starken Regen. Manchmal greifen sogar Demonstranten das Feuer an. Die Fackel ist so gebaut, dass sie eine Menge aushält. Dass das Feuer gelöscht wird, ist sehr selten, aber kommt vor.

Was dann? Klar: Die Fackel wird wieder angezündet! Aber nicht einfach mit einem Feuerzeug. Die Fackel wird immer begleitet von der »Mutterflamme«, in einer speziellen Laterne. In dieser Laterne brennt original griechisches, von der Sonne entzündetes Olympia-Feuer! Die Laterne ist super geschützt und so konstruiert, dass sie sogar im Flugzeug weiterbrennen darf. Und das ist wichtig, denn vor einem Flug muss die eigentliche Fackel gelöscht werden – ein offenes Feuer in einem Flieger wäre viel zu gefährlich. Aber mit Hilfe der Laterne kann auch nach einem Flug die Olympische Fackel wieder stilecht entflammt werden!

Was bedeuten die fünf Ringe auf der Olympischen Flagge?

Christoph aus Berlin

Ein mindestens genauso berühmtes und wichtiges Symbol für die Olympischen Spiele wie die Olympische Fackel sind die fünf bunten, gleich großen Ringe auf der Olympischen Flagge. Von links oben nach rechts unten: blau, schwarz, rot, gelb, grün. Die Ringe sind ineinander verschlungen und stehen damit für den gemeinsamen Wettstreit von Sportlern aller Länder und Kontinente.

Die fünf Ringe symbolisieren aber nicht, wie oft geglaubt wird, die fünf Kontinente der Erde. Sondern: Mit den fünf Farben der Ringe lassen sich alle Flaggen aller Länder der Welt malen! Alle fünf Kontinente, alle Länder und damit auch alle Sportler und Fans auf der Erde verschmelzen sozusagen für das große Sportfest der Olympischen Spiele zu einer großen »Familie«. Das ist die Idee dahinter.

Und es scheint zu klappen: Die fünf Ringe und auch die weiße Olympiafahne mit den fünf Ringen gehören zu den bekanntesten Symbolen der Welt. Fast jeder denkt sich sofort: *Alles klar – Olympia!* Die Ringe stehen wie das Feuer für Freundschaft zwischen allen Ländern, Respekt und sportliche Höchstleistung jedes Einzelnen. Und damit für die »Olympische Idee«.

Warum finden große Sportveranstaltungen wie eine Fußball-WM oder Olympia immer alle vier Jahre statt?

Martin aus Bad Aibling

Olympische Spiele finden alle vier Jahre statt. Und zwar in Erinnerung an die Ur-Wettkämpfe der Alten Griechen in der Stadt Olympia. Die haben damals nicht in Jahren gerechnet, sondern immer von den einen Olympischen Spielen bis zu den nächsten. Den Zeitraum zwischen den Spielen nannten sie eine *Olympiade*. Und die hat nach unserer Rechnung immer vier Jahre gedauert. Deshalb ist es streng genommen auch falsch, von der Olympiade zu sprechen, wenn man die Wettkämpfe meint. Eine Olympiade sind eigentlich die vier Jahre, die zwischen den Spielen liegen. Und *Olympia* meint einfach nur die Stadt in Griechenland.

Nach Auskunft des Weltfußballverbandes FIFA ist nicht mehr ganz genau nachzuvollziehen, warum auch Fußball-Weltmeisterschaften alle vier Jahre stattfinden. Allerdings ist es sehr, sehr wahrscheinlich, dass sich das Turnier an den Olympischen Spielen orientiert. Die Organisatoren waren auf jeden Fall mit dem Olympischen Komitee in Kontakt. Schon in den Gesprächen vor der ersten Fußball-WM 1930 in Uruguay stand fest, dass alle vier Jahre und jeweils mit zwei Jahren Abstand zu den Olympischen Sommerspielen eine Fußball-Weltmeisterschaft ausgetragen werden soll.

In welcher Sprache unterhalten sich die Spieler in Bundesligavereinen?

Daniel aus München

Die Frage ist berechtigt, wenn man sich anschaut, aus wie vielen verschiedenen Ländern die Kicker in den deutschen Fußballklubs inzwischen kommen.

Ich habe bei zwei Vereinen aus der Fußball-Bundesliga nachgefragt: beim Hamburger SV und beim VfB Stuttgart. Die Antwort war ziemlich eindeutig: Meistens reden die Spieler auf Deutsch miteinander. Das verstehen alle gut genug. Im Notfall weichen sie auf Englisch aus. Die Mannschaftskollegen sprechen sowieso fast immer mehrere Sprachen, weil sie vielleicht auch schon in Italien oder Spanien gespielt haben. Es kann also immer jemand übersetzen, falls wirklich mal was unklar ist. So klappt's im Training und in der Kabine so gut wie immer ohne Dolmetscher, also ohne Extra-Übersetzer.

Manchmal bekommen Spieler, die aus dem Ausland frisch in die Bundesliga wechseln, am Anfang trotzdem einen eigenen Sprachentrainer spendiert. Der soll ihnen natürlich die deutsche Sprache beibringen, sie aber vor allem beim Umzug und beim Einleben in der neuen Umgebung unterstützen. Wenn sie sich zum Beispiel in der neuen Stadt anmelden, eine Wohnung suchen oder die Kinder zum Arzt bringen müssen. Schließlich sollen sich die neuen Spieler sofort voll und ganz auf den Fußball konzentrieren können.

Was zählt, ist auf dem Platz

Im Spiel sieht es dann wieder ein bisschen anders aus. Da gibt es so etwas wie ein internationales Fußball-Sprachen-Mischmasch, das alle Spieler verstehen. Die Kommandos im Fußball sind fast immer die gleichen. Und weil die meisten Spieler auch schon in verschiedenen Teams gespielt haben und mehrere Sprachen verstehen, können die Kommandos und Absprachen schon mal auf Italienisch oder Französisch gerufen werden.

Wenn zwei Spieler im gleichen Land geboren sind, sprechen sie sich auf dem Feld manchmal spontan in ihrer Heimatsprache ab – zum Beispiel auf Kroatisch oder Russisch. Das hat den Vorteil, dass es beide verstehen – die Gegenspieler wahrscheinlich aber nicht. Eine Art »Geheimsprache«, um den nächsten Angriff zu planen. Aus diesem Grund kommt es auch vor, dass der Torwart mit seinen Verteidigern ausmacht, dass sie sich in einer bestimmten Sprache verständigen, die die Gegner nicht verstehen. Clever, oder?

Willis Wissen: Normalerweise wird bei Bundesligavereinen Deutsch gesprochen. Die wichtigsten Ausdrücke der »Fußballsprache« haben die meisten Spieler aber schnell und sowieso in verschiedenen Sprachen drauf. Weil die meisten Mannschaften ziemlich bunt zusammengewürfelt sind, geht es auf dem Spielfeld oft vielsprachig zu.

Was machen Fußballprofis mit den getauschten Trikots?

Holger aus Leipzig

Also eins ist schon mal klar: waschen. Wenn Spieler die Trikots nach dem Spiel tauschen, sind die Dinger tropfnass durchgeschwitzt. Stellt euch vor, sie würden die Hemden dann so in den Schrank legen und vielleicht über 15 Jahre ihrer Fußballer-Laufbahn weiter Trikots einsammeln und ungewaschen aufeinanderstapeln. Pfui Teufel! Irgendwann würde das ganz schön muffeln!

Was die Spieler aber nach dem Waschgang mit den getauschten Trikots machen, ist sehr unterschiedlich. Die einen versuchen, immer das Trikot vom direkten Gegenspieler zu bekommen, also zum Beispiel der Stürmer vom Abwehrspieler und umgekehrt. Manche machen das mit dem Gegner schon vor oder während der Partie aus und sammeln wirklich die Trikots von jedem Spiel. Manche schreiben sogar dazu, wann und in welchem Spiel sie das Trikot bekommen haben und wie das Match ausgegangen ist.

Andere Spieler nehmen das nicht so genau. Die holen sich nur nach wichtigen Spielen – wie zum Beispiel in der Champions League oder für die Nationalmannschaft – die Hemden vom Gegenspieler oder von einem, den sie besonders mögen oder bewundern. Da kommen dann schon deutlich weniger Trikots für die Sammlung zusammen. Manche verschenken die getauschten Trikots hinterher auch an ihre eigenen Kinder, Freunde oder in der Nachbarschaft. Was jeder mit den »erbeuteten« Trikots macht, ist also so unterschiedlich wie die Spieler selbst.

☞ ***Übrigens:*** Normalerweise bekommen Bundesligaspieler pro Spiel zwei frische Trikots vom Verein. Sie können selbst entscheiden, ob sie sich zur zweiten Halbzeit umziehen wollen oder nicht. Wenn sie dann am Spielende ein Trikot verschenken, ist das für die Vereine okay. In Ausnahmefällen sind auch mal zwei Tausch-Trikots in Ordnung. Wenn ein Spieler aber noch mehr Trikots hergeben will, muss er welche kaufen.

Nach dem Spiel kommen die verschwitzten Klamotten in eine große Kiste, und die *Zeugwarte* kümmern sich darum, dass sie – falls möglich – gewaschen und im nächsten Spiel wieder benutzt werden. Die Spieler kriegen also nicht grundsätzlich immer nagelneue Trikots, sondern nur, falls die alten zerrissen oder zu dreckig geworden sind. Wäre ja sonst auch reine Verschwendung!

Willis Wissen: Die getauschten Trikots werden nach dem Spiel gewaschen und dann entweder verschenkt oder fein säuberlich gesammelt. Das macht jeder Spieler, wie er möchte.

Wie kommt der Sprudel ins Wasser?

Nina aus Lehrte

Die Blubberbläschen in Limo oder Mineralwasser sind ein Gas. Das Gas heißt *Kohlendioxid* und wird von Chemikern mit CO2 (sprich: »Zeh-Oh-Zwei«) abgekürzt. Im Wasser oder anderen Getränken wird das Kohlendioxid zu *Kohlensäure*. Das kennt ihr: Oft kann man sich aussuchen, ob man sein Wasser mit viel, wenig oder gar keiner Kohlensäure drin haben möchte. Entsprechend viel Kohlendioxid wurde bei der Herstellung in die Flasche gemischt. Das Getränk ist durch die dazugespritzte Kohlensäure entweder still, mittelpricklig oder stark aufgeregt.

Mineralwasser ist Regenwasser, das ganz langsam durch verschiedene Erd- und Gesteinsschichten gesickert ist und sich irgendwann in natürlichen Quellen gesammelt hat. Die meisten Hersteller haben eigene Brunnen, die mehr als 100 Meter tief in den Boden reichen. Daraus pumpen sie das vom Himmel gefallene Wasser wieder in die Höhe. Oft ist im Quellwasser auch schon ein bisschen CO_2 enthalten, so dass in der Fabrik gar keins mehr oder nur noch wenig dazugegeben werden muss. Das Wasser sprudelt ganz von selbst.

Je nachdem, wo genau das Wasser herkommt und welchen Weg es durch den Boden genommen hat, ist es anders zusammengesetzt. Experten sagen *mineralisiert*. Stoffe wie Natrium oder Magnesium sind vom Gestein ans Wasser abgegeben worden. Wir Menschen brauchen diese Stoffe zum Leben. Magnesium zum Beispiel entspannt Nerven und Muskeln, Calcium ist wichtig für die Knochen und Zähne. Deshalb werben viele Hersteller damit, dass ausgerechnet ihr Mineralwasser besonders gesund oder besonders viel von dem einen oder anderen Stoff enthält.

Jede Quelle ist anders, und jede soll das Wasser nicht nur besonders gesund machen, sondern ihm auch einen ganz besonderen Geschmack geben. Mehr als 500 verschiedene Mineralwässerchen gibt es in Deutschland. Für mich persönlich schmeckt Wasser trotzdem immer vor allem nach ... Wasser. Könnt ihr einen Unterschied feststellen? Wenn viel Kohlensäure drin ist, dann passiert mir allerdings ab und zu was, das kann ganz schön peinlich werden:

Eins ist sonnenklar: *Rülpsen* ist unanständig. Aber auf der anderen Seite ist es auch ganz natürlich. Wenn wir etwas essen oder trinken, verschlucken wir immer auch ein bisschen Luft. Und wenn wir Getränke mit Sprudel trinken, ist, wie gesagt, Kohlendioxid drin – die Blubberbläschen. Wenn sich eine bestimmte Menge Luft oder Kohlensäure im Magen angesammelt hat, lässt der Muskel, der sonst den Magenausgang nach oben verschließt, diese Gase durch die Speiseröhre wieder nach oben steigen. Und dabei entsteht dann der Rülps-Laut. Je mehr Kohlensäure im Wasser oder in der Limo drin ist, desto wahrscheinlicher ist es, dass die Gase hinterher auch wieder rauswollen ...

Wie kommen die Streifen in die Zahnpasta?

Sarah aus Augsburg

Zähneputzen ist wichtig, damit die Zähne gesund und das breite Grinsen weiß und strahlend bleiben. So wie bei mir. Ist doch logisch! Aber die Frage nach den Streifen in der Zahnpasta haben wir uns vor dem Badezimmerspiegel wahrscheinlich alle schon mal gestellt. Aus manchen Tuben kommt die Pasta mit perfekten Streifen: mal rot und weiß, mal blau-rot-weiß und manchmal auch grün-weiß oder weiß-rosa. Wie's geht, habe ich bei Zahnpasta-Herstellern erfragt.

Eins steht fest: Diese Farben sind immer nur da, damit's lustiger aussieht. Die Zahnpasta färbt die Zähne natürlich nicht rot oder blau, sondern hat immer nur eine Aufgabe: die Beißerchen schön sauber, weiß und gesund zu halten. Aber woher kommen die Streifen?

Es gibt zwei Möglichkeiten: Einige Hersteller pressen die Pasta schon in ihrer Fabrik mehrfarbig aus Spezialdüsen in die Tube. Dann ist die Zahnpasta schon so drin, wie wir sie später auf der Zahnbürste sehen.

Spannender ist die zweite Variante: Manche Tuben haben nämlich mehrere *Farbkammern*. Vorne, kurz vor dem Tubenausgang, ist bunte Zahnpasta eingefüllt. Das runde Röhrchen, aus dem ihr die Zahnpasta auf die Bürste drückt, ragt dann noch ein Stück weiter nach hinten in die Tube. Dort ist nämlich die große Kammer mit der weißen Zahnpasta. In dem kleinen Rohr sind seitlich mehrere kleine Löcher oder Schlitze, aus denen die verschiedenfarbigen Pasten aus den vorderen Farbkammern dazukommen. Wenn ihr also hinten draufdrückt, presst ihr die weiße Pasta gleichmäßig ins Röhrchen, und aus den Löchern kommt immer ein bisschen farbige Zahnpasta dazu. So wird die weiße Zahnpastawurst auf ihrem kurzen Weg durch die Tube sozusagen immer frisch »angemalt«, kurz bevor sie auf der Zahnbürste landet.

Warum schäumt die bunte Zahnpasta trotzdem immer weiß?

Das liegt einfach daran, dass die weißen Teilchen total in der Überzahl sind. Die meiste Pasta ist weiß, daran ändern auch die sportlichen Farbstreifen nicht viel. Wäre die Grundmasse aber zum Beispiel gelb mit blauen Streifen, würde die Pasta gelb schäumen. Das will aber natürlich niemand. Wir putzen ja gerade deshalb fleißig, damit wir eben KEINE gelben Zähne kriegen! Die Farbe Weiß steht für sauber, frisch, gesund. Darum haben Zahnärzte auch strahlend blütenweiße Kittel an.

☞ ***Übrigens:*** Wie das mit dem Röhrchen und den Farbkammern genau funktioniert oder ob ihr gar eine schon in der Fabrik gestreifte Sorte erwischt habt, könnt ihr leicht herausfinden, wenn ihr eine leere Zahnpastatube vorsichtig der Länge nach aufschneidet.

Wozu ist in E-Mail-Adressen das @-Zeichen drin?

Daniel aus Forstinning

Ja, das ist schon sehr praktisch: Wofür man früher erst einen Brief schreiben, ihn in den Umschlag stecken, eine Briefmarke draufpappen und dann zum Briefkasten tragen musste, schreibt man heute einfach eine E-Mail. Die fliegt nicht mit der Brieftaube, sondern elektronisch, von Computer zu Computer. *E-Mail* heißt auch nichts anderes als »elektronische Post«. Briefeschreiben ist dadurch viel schneller und einfacher geworden. Aber wem erzähle ich das? Die meisten eurer Fragen haben mich schließlich per E-Mail erreicht. Danke noch mal!

Also, im Grunde hat gegenüber dem guten alten Papierbrief nicht allzu viel geändert. Auf den Briefumschlag schreibt man den Namen des Empfängers und seine Adresse, also Straße, Ort und Land, damit der Postbote eindeutig weiß, für wen der Brief gedacht ist. Bei der E-Mail ist es ganz ähnlich.

Nehmen wir meine Adresse *willi@brnet.de* als Beispiel. Der »willi«, das bin ich. Das ist also der Name des Empfängers. Und der Rest, »brnet.de«, ist die Adresse. Diesmal nicht da, wo ich wohne, sondern der Ort, an dem ich mir ein elektronisches Postfach eingerichtet habe. Derjenige, der diese elektronischen Postfächer bereitstellt, in die die elektronischen Briefe eintrudeln und einsortiert werden, heißt *E-Mail-Provider* (sprich: Pro-weider). Bekannte Mail-Provider in Deutschland sind zum Beispiel *web.de*, *gmx.de* oder *t-online.de*. Mein Provider heißt eben *brnet.de* – der gehört zum Bayerischen Rundfunk.

Computerpost mit Elefantenohr und Affenschaukel

Bleibt immer noch die Frage nach dem komischen Zeichen in der Mitte. Man sagt »ätt« dazu, manche Leute auch »Klammeraffe«. Der Amerikaner Ray Tomlinson gilt als Erfinder der E-Mail. Im Jahr 1971, also vor etwa 40 Jahren, hat er die erste E-Mail verschickt – an sich selbst, von einem Computer zum anderen. Beide standen nebeneinander im Raum. Die Revolution des Briefeschreibens hat klein angefangen – und längst die Welt erobert.

Doch vorher hatte Tomlinson ein Problem: Wie sollte er den Namen des Empfängers vom Provider trennen und dem Computer gleichzeitig eindeutig sagen: »Achtung, hier kommt eine E-Mail!« Er suchte auf der Tastatur nach einem Zeichen, das weder in Namen noch in Firmenbezeichnungen oder Texten oft vorkommt – und fand das @. Es war da, wurde aber eigentlich nicht gebraucht. Volltreffer!

Wo das Zeichen herkommt, ist nicht ganz klar. Kaufleute im 16. Jahrhundert sollen es als Einheit für Gewicht genutzt haben, da war ein @ ungefähr so viel wie zehn Kilogramm oder zehn Liter. Es setzte sich aber nicht durch. Dann tauchte es irgendwann bei Händlern wieder auf, die dem Zeichen die Bedeutung »zu« oder »zum Preis von« gaben. Also zum Beispiel: *Heute 10 Äpfel @ 3 Euro*. Vielleicht war es aber auch schon im 6. und 7. Jahrhundert bekannt und hat sich aus einem mit einem **d** verschmolzenen **a** entwickelt. Man weiß es nicht.

Jedenfalls fand das @-Zeichen auf Umwegen zufällig auf die Tastatur von Ray Tomlinson. Und der machte es zum eindeutigen Trenner und Signalzeichen für seine geniale Erfindung: die E-Mail.

☞ ***Übrigens:*** Je mehr sich die E-Mail in der Welt verbreitete, desto mehr Leute fanden es langweilig, immer nur »ätt« zu sagen. Sie wurden kreativ und dachten sich neue Namen für das Zeichen aus: »Klammeraffe« oder »Affenschaukel« sind noch lange nicht die lustigsten. In Tschechien heißt das @ zum Beispiel »Rollmops«, in Italien »Schnecke«, Schweden sagen »Elefantenohr« oder »Zimtrolle«. In Norwegen hört man manchmal »Sauschwanz«, Dänen sprechen vom »Rüssel-A« und Serben vom »verrückten A«. Wie die Namen entstanden sind, kann man sich gut vorstellen, wenn man sich das @ genau anschaut, oder?

Warum sind die Buchstaben auf der Tastatur nicht nach dem ABC geordnet?

Moritz aus St. Pölten in Österreich

A, B, C, D, E, F, G, H, I, J, K ... – wie es weitergeht, ist klar. Das lernt jedes Kind in der Schule. Wenn sich der stolze kleine »ABC-Schütze« aber zum ersten Mal vor eine Computertastatur setzt, kennt er sich plötzlich überhaupt nicht mehr aus. Was ist denn hier los: Q, W, E, R, T, Z, U, I, O, P ...??

Wegen der Reihenfolge der Buchstaben in der obersten Reihe von links nach rechts heißt unsere Computertastatur auch *QWERTZ-Tastatur*. Diese Anordnung der Buchstaben ist zum ersten Mal im 19. Jahrhundert in Amerika auf einer der ersten Schreibmaschinen aufgetaucht. Der amerikanische Journalist und Erfinder Christopher Sholes hat sich dieses besondere System des Buchstabensalats ausgedacht.

Seine Idee: Buchstaben, die besonders oft gebraucht werden, sollten gut erreichbar angeordnet sein. In der deutschen Sprache sind das zum Bleistift ... ääh ... Beispiel A, E, I, N und S. Gleichzeitig sollten aber zwei Tasten, die oft zusammen benutzt werden, nicht nebeneinanderliegen. Für uns also Paare wie CK, CH, AU oder IE. Aber warum?

Oft wird berichtet, dass die Buchstaben-Anordnung mit technischen Problemen der ersten Schreibmaschinen zu tun hat. Demnach sieht die Tastatur so aus, weil bei den ersten Schreibmaschinen jeder Buchstabe wie ein Stempel an einem kleinen Arm angebracht war. Sobald jemand auf eine Buchstabentaste drückte, schoss der kleine Arm nach oben und »stempelte« den Buchstaben aufs Papier. Da konnte es passieren, dass sich der Arm des einen Buchstaben auf dem Rückweg mit dem herausflitzenden Arm des nächsten Buchstabens verhedderte. Dieses Problem löste die QWERTZ-Tastatur, weil zum Beispiel A und U oder C und K ziemlich weit auseinanderliegen und sich auch beim schnellen Tippen nicht in die Quere kommen. Schaut mal nach! Es klingt also schon glaubwürdig, dass das der Grund für die QWERTZ-Tastatur war. Trotzdem streiten Experten darüber, ob es wirklich so gewesen ist.

In unseren Computern fahren sich natürlich keine »Stempel-Ärmchen« mehr aus. Trotzdem haben sich die Menschen längst an die QWERTZ-Tastatur gewöhnt. Und wenn ihr – wie ich meistens – sowieso mit dem berühmten *Zwei-Finger-Hubschrauber-Suchsystem* tippt, dann macht es ja eigentlich auch keinen Unterschied, wo welcher Buchstabe liegt. Wer suchet, der findet! Und mit ein bisschen Übung tippt sich's selbst mit dieser Methode ziemlich flott. Für das blinde Tippen mit zehn Fingern gleichzeitig eignet sich die QWERTZ-Tastatur deshalb, weil die wichtigsten Buchstaben gut erreichbar sind. Also: Egal wie und egal wie schnell man schreibt – Stempelärmchen können sich heute nicht mehr verheddern.

☞ ***Übrigens:*** In jeder Sprache werden andere Buchstaben besonders oft gebraucht. Im Englischen zum Beispiel das Y sehr viel häufiger als das Z, deshalb sind diese beiden Tasten im Vergleich zu unseren Tastaturen vertauscht. Die QWERTZ-Tastatur ist in England und Amerika deswegen eine QWERTY, im Französischen dagegen eine AZERTY-Tastatur. Entscheidend für den Namen sind immer die ersten sechs Buchstaben in der oberen Reihe von links.

Willis Wissen: Wahrscheinlich sind die Buchstaben so angeordnet worden, damit sie gut erreichbar sind und oft benutzte Kombinationen nicht direkt nebeneinanderliegen. Guter Tipp – ich meine natürlich: Gute Frage!

Wie funktionieren Batterien?

Grigorij aus Bremerhaven

Eine Batterie ist ein kleines Stromkraftwerk für die Hosentasche. Durch eine chemische Reaktion entsteht elektrische Energie. Es fließt Strom, der die Taschenlampe leuchten oder den mp3-Spieler Musik dudeln lässt. Von außen leicht zu erkennen sind der Pluspol **+** (die sogenannte *Kathode*) und der Minuspol **–** (die sogenannte *Anode*). Zwischen **+** und **–** fließt Strom, sobald der *Stromkreis* geschlossen ist. Also sobald die Batterie zum Beispiel in eine Taschenlampe eingelegt und diese angeschaltet wurde. Dann ist nämlich der Pluspol über die Taschenlampe mit dem Minuspol verbunden. Der Strom kann quasi im Kreis laufen – darum: Stromkreislauf.

Die beiden Pole bestehen immer aus zwei verschiedenen Materialien, die in der Batterie miteinander reagieren. Die chemische Reaktion heißt *Elektrolyse*. Dabei fließen über eine bestimmte Flüssigkeit in der Batterie, das *Elektrolyt*, mit elektrischer Energie aufgeladene Teilchen von der Kathode (+) zur Anode (–). Die chemische Reaktion in der Batterie bewirkt, dass die Anode zu viele elektrisch negativ geladene (–) Teilchen sammelt. Diese sogenannten *Elektronen* wollen unbedingt so schnell wie möglich weg, hinüber zu den positiven (+) Teilchen.

Der Pluspol dagegen saugt negativ geladene Elektronen mit Freude an. Wenn man den Stromkreis schließt, rauschen die negativ geladenen Teilchen (–) außerhalb der Batterie durchs Kabel und über das angeschlossene Gerät zum Pluspol (+), man sagt: Es fließt *Strom* oder *Ladung*. Weil die Teilchen die vorgegebenen Bahnen nicht verlassen können, rasen sie auf ihrem Weg auch durch die Glühbirne in der Taschenlampe und bringen sie zum Leuchten.

☞ ***Übrigens:*** Die erste richtige Batterie hat um das Jahr 1794 der italienische Physiker Alessandro Volta entwickelt. Seinetwegen wird die Spannung, also die Kraft, die der Strom erzeugt, auch in *Volt* gemessen. Die kleinen runden Batterien aus einer Fernbedienung haben zum Beispiel 1,5 Volt. Ihr kennt aber sicher auch den dicken, kantigen 9-Volt-Block.

Willis Wissen: Sobald ein Stromkreislauf geschlossen wird, bewirkt eine chemische Reaktion innerhalb der Batterie, dass außerhalb der Batterie geladene Teilchen vom Minuspol zum Pluspol rasen. Damit fließt Strom, der zum Beispiel eine Glühbirne zum Leuchten bringen kann.

Warum kann ich übers Telefon Oma so gut hören, obwohl sie weit weg ist?

Benjamin aus Darmstadt

Schall breitet sich in Wellen gleichmäßig im Raum aus, wie wenn man einen Stein ins Wasser wirft. Wenn wir sprechen, bringen unsere Stimmbänder die Luft zum

Schwingen und Vibrieren. Wenn die Oma im gleichen Raum ist, fängt ihr Ohr die Schallwellen auf und leitet sie ans Trommelfell weiter. Das Trommelfell ist eine sehr dünne Haut, eine sogenannte *Membran*, die durch den Druck der Schallwellen in Schwingungen gerät. Diese Schwingungen werden ans Innenohr weitergeleitet und dort wieder in Sprache übersetzt. Die Oma versteht, was du sagst, und antwortet dir. Dabei erzeugt sie mit ihren Stimmbändern Schallwellen, die wiederum auf dein Ohr treffen. Ihr könnt euch unterhalten.

Das funktioniert aber nur, wenn *Sender* (also du, Benjamin) und *Empfänger* (also in diesem Fall die Oma) im selben Zimmer sind oder höchstens noch im Zimmer nebenan. Von München nach Berlin klappt das nicht, so laut kann niemand schreien. Und von Deutschland nach Amerika natürlich erst recht nicht. Außerdem würden dann ja auch viel zu viele Leute mitkriegen, was du mit deiner Oma besprichst.

Dafür gibt es das Telefon. Es besteht aus einem kleinen Mikrofon unten im Hörer und einem kleinen Lautsprecher (oben). Wenn du ins Telefon sprichst, treffen deine Schallwellen auf das Mikrofon. Auch das hat eine Membran, die zu schwingen beginnt. Nun muss der Schall – also die gesprochenen Worte und Sätze – weitertransportiert werden. Sie nehmen einen Umweg über das Telefonkabel. So kommen sie blitzschnell vorwärts, bis sie aus dem kleinen Lautsprecher im Telefon von deiner Oma wieder rauskommen und sie dich hören kann, egal, wie weit ihr auseinander wohnt.

Damit das funktioniert, »übersetzt« das Mikrofon die Schwingungen der Membran in elektrische Wellen oder *Impulse*. Denn auch elektrischer Strom fließt in Wellen – allerdings in sehr viel schnelleren als der Schall. Darum kriegst du am Telefon auch immer sofort eine Antwort, auch wenn der andere weit weg ist. Wir merken so gut wie keine Verzögerung, weil in den Telefonleitungen sehr viele, superschnelle Teilchen herumschwirren, die sogenannten *Elektronen*. Sie geben die Impulse blitzschnell – mit bis zu Lichtgeschwindigkeit – von einem zum nächsten weiter.

Weil wir Strom und elektronische Impulse aber nicht verstehen, wandelt sie am anderen Ende ein Lautsprecher wieder zurück in Schallwellen um. Dazu fließt der Strom in eine Spule, die dann im Takt der Sprache mehr oder weniger magnetische Anziehungskraft erzeugt. Über einen Magneten wird dadurch wiederum die Membran von einem kleinen Lautsprecher bewegt, die durch diese Bewegung wieder Luft zum Schwingen bringt: Der kleine Lautsprecher sitzt oben im Telefon von deiner Oma. Wenn er die Luft in Bewegung bringt, hört die Oma aus dem Lautsprecher ihres Telefons, was du ins Mikrofon von deinem Telefon gesagt hast.

Natürlich kann nicht von jedem Telefon der Welt zu jedem anderen Telefon der Welt eine Leitung verlegt werden. Deshalb gibt es Vermittlungsstellen, in denen Computer sicherstellen, dass du auch wirklich bei deiner Oma rauskommst, wenn du ihre Nummer richtig gewählt hast.

Mobiltelefone: kabellos verbunden

Das Handy oder Mobiltelefon funktioniert wie ein normales Telefon. Allerdings wird das Netz aus Telefonkabeln hier durch das *Mobilfunknetz* ersetzt. Das besteht aus vielen Funkmasten. Ein Handy funkt ein Gespräch immer zum nächsten Mast. Der ist über Kabel mit einem Computer verbunden, der herausfindet, in der Nähe von welchem Funkmast sich der Angerufene gerade befindet. Dann schickt der Computer das Gespräch übers Kabel weiter, zum Beispiel zu dem Funkmast ganz nah bei deiner Oma.

☞ ***Und übrigens:*** Das Wort *Telefon* kommt aus dem Griechischen und heißt so viel wie »Fernstimme«.

Willis Wissen: Eine Membran im Mikrofon des Anrufer-Telefons »übersetzt« die Schallwellen der Sprache in elektronische Wellen, die übers Telefonkabel transportiert werden. Am anderen Ende übersetzt der Lautsprecher des Empfänger-Telefons die elektronischen Wellen wieder in Schallwellen, die der Angerufene hören kann.

Warum sprechen nicht alle Menschen die gleiche Sprache?

Gloria aus Dottingen

Gloria hat mir geschrieben: »Hallo Willi, ich würde so gerne mit meiner Familie auf den Philippinen reden, aber ich versteh kein Wort!« Das kann ich mir gut vorstellen. Eine fremde Sprache kann man zwar lernen, aber viel praktischer wäre es, wenn alle Menschen von Geburt an die gleiche Sprache sprechen würden.

Zwischen 6.000 und 7.000 verschiedene Sprachen gibt es auf der Welt, viele sind noch gar nicht entdeckt und erforscht. Schon allein zwischen einem *Dialekt* und einer *Sprache* zu unterscheiden fällt oft schwer. Wenn sich jemand aus Flensburg ganz im Norden von Deutschland mit jemandem aus Berchtesgaden ganz im Süden unterhält, kann es sein, dass sie sich kaum verstehen. Obwohl sie die gleiche Sprache (Deutsch) sprechen, sind in den verschiedenen Regionen verschiedene Dialekte gebräuchlich (in diesem Beispiel Niederdeutsch im Norden und Bayrisch im Süden).

Jede Sprache ist *dynamisch*, das heißt, sie verändert sich ständig. Sobald eine Gruppe von Menschen zusammenlebt und viel miteinander zu tun hat, entwickeln sich eigene Ausdrücke, Redensarten, Sprüche, Zeichen. Sprache ist auch ein Weg, zu zeigen, dass man zusammengehört, eine gemeinsame *Identität* hat. Auch Kinder denken sich *Geheimsprachen* aus, die außer ihnen niemand versteht. So entstehen mit der Zeit Dialekte, aus denen eigene Sprachen werden können.

Früher, vor Hunderten von Jahren, war das noch viel leichter: Es gab weder Radio noch Fernsehen oder Internet, und die Menschen sind nicht so viel gereist und insgesamt viel weniger mit Fremden in Kontakt gekommen. Stellt euch ein abgelegenes Tal in den Bergen vor. Da konnte sich über die Jahre locker ein eigener Dialekt und daraus eine eigene Sprache entwickeln, die irgendwann nur noch die Talbewohner verstanden haben.

Sprachforscher glauben, dass sich alle Sprachen aus ein paar wenigen *Ur-Sprachen* entwickelt haben. Die wichtigste und am besten erforschte ist *Indoeuropäisch*. Wenn es stimmt, dann war das eine Sprache, die vor ein paar tausend Jahren fast alle Menschen im heutigen Europa gesprochen und verstanden haben. Dialekte und regionale Unterschiede gab es wohl auch, aber die Verständigung war sehr wahrscheinlich möglich. Ausgenommen von dieser gemeinsamen Ur-Sprache sind das heutige Finnisch und das heutige Ungarisch. Beide Sprachen sind miteinander verwandt, stammen aber nicht vom Indoeuropäischen ab.

Mit der Zeit entwickelten sich manche indoeuropäische Dialekte stark auseinander (Sprachen sind dynamisch!). Die Bewohner einer Region erfanden eigene Ausdrücke, eigene Gesten, eine eigene Grammatik. Irgendwann verstanden sich die Nachbarn nicht mehr, und es waren neue Sprachen entstanden. Besonders deutlich ist dies bei *Latein* geschehen: Das war eigentlich ein Dialekt des Indoeuropäischen, der in der Mitte Italiens gesprochen wurde und sich stark veränderte. Latein setzte sich mehr und mehr durch. Mit den Eroberungen der Römer verbreitete sich die Sprache in der ganzen Welt. Unterlegene Völker mussten Latein lernen und vermischten es dabei mit ihren eigenen Dialekten. Wer Politiker werden wollte, musste gut Latein sprechen, und bald fanden die Menschen es schick und modern, sich auf Latein zu unterhalten.

Noch heute sind sich vor allem das Französische, das Italienische und das Spanische in vielen Dingen sehr ähnlich, die eindeutig auf das Lateinische zurückgehen. Wer Latein kann, tut sich deshalb auch mit Italienisch, Spanisch und Französisch leichter. Die wichtigsten, weil von den meisten Menschen gesprochenen Sprachen der Welt sind heute Chinesisch, Englisch und Spanisch.

☞ ***Übrigens:*** Es gibt eine einfache Sprache, die zu keinem Land gehört, sondern als gemeinsame Zweitsprache zur Verständigung aller Völker der Erde erfunden wurde. Sie heißt *Esperanto*. Das erste Esperanto-Lehrbuch erschien im Jahr 1887. Die Wörter stammen fast alle aus den indoeuropäischen Sprachen, aber auch viele andere Sprachen hatten Einfluss darauf. Wie viele Menschen auf der Welt heute Esperanto wirklich beherrschen, ist unklar. Durchgesetzt hat es sich nicht. Wohl auch, weil jedes Land lieber seine eigene Sprache in der Welt verbreitet.

Willis Wissen – kurz gesprochen: Alle Sprachen haben sich aus ein paar Ur-Sprachen an verschiedenen Ecken der Welt unterschiedlich entwickelt. Eine echte gemeinsame Weltsprache gibt es aber auch deshalb nicht, weil Sprache ganz wichtig ist für das *Wir-Gefühl* einer Gruppe und man sich durch sie von anderen unterscheidet.

Wer erfand den Meter?

Simon aus Eutingen

Bevor es den Meter gab, benutzten die Menschen allerlei verschiedene Größen und Einheiten, um Dinge abzumessen. Eine *Elle* zum Beispiel war meistens ungefähr so groß wie zwei *Fuß*. Aber wessen Fuß eigentlich? Es gab eine Zeit, da legte wohl jeder Fürst, Baron oder Bürgermeister selbst fest, wie lang ein Fuß sein sollte. Vielleicht nahm er einfach seinen eigenen oder er ließ 50 Bewohner seiner Stadt antreten und bestimmte aus der durchschnittlichen Länge ihrer Füße die offizielle Maßeinheit »1 Fuß«. So kam es, dass ein Fuß in der einen Stadt fast nie so lang war wie ein Fuß in einer anderen.

Bis etwa 1800 existierten allein im Gebiet des heutigen

Deutschland mehr als 40 verschieden lange Ellen und 44 verschieden lange Füße, berichtet Dr. Dr. Jens Simon von der Physikalisch-Technischen Bundesanstalt in Braunschweig. Das heißt, wer von Stadt zu Stadt reiste und etwas verkaufen wollte, musste ständig alles neu ausrechnen und umrechnen lassen. Bald kannte sich bei dem Chaos kein Mensch und kein Schwein mehr aus. Nach heutiger Rechnung in Metern und Zentimetern war damals die kürzeste gültige Elle die von Erfurt mit 40,38 Zentimetern. Die längste Elle galt in München und war mit 79,90 Zentimetern fast doppelt so lang. Bei den 44 verschieden langen Füßen sah es nicht besser aus: Zwischen dem kürzesten mit 23,51 Zentimetern in Wesel und dem längsten Fuß in Rudolstadt mit 31,39 Zentimetern lagen fast zehn Zentimeter Unterschied. In anderen Ländern herrschte ein ähnliches Längen-Kuddelmuddel.

So konnte es jedenfalls nicht weitergehen. Also beschloss die »Gesetzgebende Versammlung« in Frankreich, dass ein einheitliches Maß gefunden werden sollte. Natürlich hielt jeder Herrscher sein Maß für das richtige. Deshalb einigte man sich nach einigen Streitereien auf eine Basis, die nichts mit von Mensch zu Mensch unterschiedlich langen Körperteilen zu tun hatte. Sie suchten sich eine Vorlage für das neue Maß, die alle respektierten und die es nur ein einziges Mal gab: die Erde. Das neue System sollte sich auf ein festgelegtes Teilstück des Erdumfangs beziehen. Den Meter hat also niemand wirklich »erfunden«, sondern die Erde wurde als Vorbild für das neue System *Meter* gewählt. Der Name kommt von griechisch »metron« für das »Maß«.

Zwei Astronomen zogen los, um den Erdumfang zu berechnen. Dazu maßen sie erst einmal die Entfernung zwischen zwei Städten und rechneten das Ergebnis anschließend auf die gesamte Erde hoch. Heraus kam der – auch nach heutigen Berechnungen ziemlich richtige – Erdumfang. Jetzt legte man fest, dass das neue Maß, also *ein Meter*, der vierzigmillionste Teil dieses Erdumfanges sein sollte. Einfach so.

Fast zufällig zum Maß aller Dinge

Warum gerade der vierzigmillionste Teil? Man unterteilte den Erdball in vier gleich große Teile, sogenannte *Quadranten*, damit's übersichtlicher wurde. Die Zahl 10 geht wahrscheinlich ganz einfach auf die Zahl der menschlichen Finger zurück. So entstand die 40. Den »millionsten« Teil und nicht etwa den milliardsten oder tausendsten bestimmte man wahrscheinlich deshalb, damit am Ende ein handliches Stück als ein Meter herauskam. Außerdem eines, das ungefähr den Füßen und Ellen ähnlich war, mit denen die Menschen bis dahin schon gerechnet hatten. Es gibt also eine Erklärung dafür, warum ein Meter ausgerechnet der *vierzigmillionste* Teil des Erdumfanges ist. Sicher ist jedenfalls: Vorbild für die Länge des Meters ist die Erde.

Das Ergebnis war der *Urmeter*. Nach dessen Länge goss man einen *Urmeterstab* aus Metall. Der liegt im Original heute noch in einem Panzerschrank des Internationalen Büros für Maß und Gewicht (BIPM) in Sèvres bei Paris in Frankreich. Kopien von diesem allerersten Meter der Welt wurden sofort in viele Länder verschickt, damit sich alle nur noch nach dem neuen Meter-Maß aller Dinge richten konnten. Offiziell gilt der Meter in Deutschland seit 1875.

Direkt neben dem Urmeter liegt das *Urkilogramm* im Tresor. Das stammt direkt vom Urmeter ab. Man baute einfach einen Würfel, der jeweils zehn Zentimeter (also einen Urmeter geteilt durch zehn) lang, breit und hoch war, und füllte ihn mit Wasser auf. Das Ergebnis legte man als neue Einheit für Gewicht fest, als Urkilogramm. Weil Wasser unpraktisch ist, goss man Metallzylinder mit genau dem gleichen Gewicht. Einer liegt heute im Tresor neben dem Urmeterstab und ist immer noch gültig. Jeder

auf der Welt, der in Kilogramm rechnen will, muss sich an das Gewicht von diesem Metallzylinder halten.

Unglaublich: Das wird zwar nicht passieren, aber wenn jemand käme, von dem Urkilogramm die Hälfte absägen und nur noch die andere Hälfte im Tresor in Sèvres liegen lassen würde, dann würde ab diesem Zeitpunkt das halbe Stück als offizielles Urkilogramm gelten!

Allerdings: Weil sich Metallteile verändern können und ein Klotz in einem Tresor auch ein bisschen unpraktisch ist, werden Urkilo und Urmeter wohl bald nur noch Museumsstücke sein. Heute berechnet man den Meter als die Strecke, die das Licht im luftleeren Raum, also zum Beispiel im Weltall, in einem bestimmten Bruchteil einer Sekunde zurücklegt. Für einen Meter braucht das Licht 0,000000003335641 Sekunden. Kann sich keiner vorstellen. Andersherum gesagt: Das Licht ist so schnell, dass es in einer Sekunde ungefähr siebeneinhalbmal um die Welt kommt.

Ein Kilogramm könnte bald aus der Anzahl von Atomen berechnet werden. Atome sind die kleinsten in der Natur vorkommenden Teilchen, die sich garantiert nicht verändern. Die neuen Grundlagen für unser Maßsystem sollen also bald die sogenannten *Naturkonstanten* sein, weil die sich – anders als Metall oder irgendwelche anderen Materialien – überhaupt nicht durch Temperatur oder Luftdruck verändern. Ein Meter in Lichtgeschwindigkeit, ein Kilo aus Atomen – für unseren Alltag und unsere Familien-Großpackung Nudeln ändert diese aufs Tausendstel exakte Berechnung der Urmaße aber sicher nichts.

Willis Wissen: Der Meter geht auf den Umfang der Erde zurück und das Urkilogramm wiederum auf den Urmeter.

Wie funktioniert ein Reißverschluss?

Franka aus Plech

Ritscheratsche, ritscheratsche. Blitzschnell ist die Jacke zu. Oder wieder auf. Über den Reißverschluss macht sich doch heute wirklich keiner mehr Gedanken. Er gehört zu unserem Alltag wie Naseputzen und Schuhbänder-Binden. Eine einfache und geniale Erfindung ist er trotzdem: schneller und praktischer als Schnallen oder Knöpfe, dazu fast nicht kaputtzukriegen und in manchen Jacken sogar wasserdicht.

Schaut euch so einen Reißverschluss mal genau an. Er ist mit einem schmalen Stoffstreifen an die Kleidung genäht und hat auf beiden Seiten jeweils eine lange Reihe aus Zähnen. Sie sind aus Metall oder Kunststoff. Dazu kommt der eigentliche Verschluss, den man unten einmal in die Führung fummeln muss und dann einfach rauf- und runterziehen kann. Ist eigentlich nicht viel dabei.

Der Verschluss sieht ein bisschen aus wie ein Trichter: oben weiter, damit sich die zweite »Zahnreihe« leichter neben die erste hineinbugsieren lässt, und nach unten schmaler zulaufend und genauso breit wie die beiden Zahnreihen. Jeder einzelne Zahn sieht aus wie ein kleines

Puzzleteilchen. Und das passt natürlich perfekt zu seinem Gegenüber auf der anderen Seite. Wenn der Trichterverschluss vorbeiratscht, führt er wie mit zwei Schienen die beiden Puzzleteilchen immer abwechselnd perfekt zusammen. Die Zähne greifen nahtlos und fest ineinander – und halten so ganz schön was aus.

Auf dem Weg nach unten drückt der Verschluss die Zähne wieder auseinander. Dafür hat er im oberen weiteren Teil des Trichters einen kleinen Steg, genau in der Mitte zwischen den beiden »Führungsschienen«. Dadurch haben die Zähne keine Chance, sich zu sträuben. Ein einfaches System und eine geniale Idee.

Trotzdem hat sich der Reißverschluss erst ungefähr ab dem Jahr 1910 richtig durchgesetzt, etwa 20 Jahre nach seiner Erfindung.

Woher weiß ein Süßigkeitenautomat, wie viel Geld er herausgeben muss?

Marcus aus Frankfurt an der Oder

Der Süßigkeitenautomat hat ein Gehirn! Zumindest fast. Besser gesagt, ist in jeden modernen Automaten ein kleiner Computer eingebaut, die sogenannte *Automatensteuerung*. Die macht genau das: Sie steuert den Automaten. Wenn ihr euch an so einer Maschine eine Packung Gummibärchen kauft, passieren verschiedene Dinge gleichzeitig, und die Automatensteuerung passt auf, dass alles glattgeht.

Zuerst werft ihr eine Münze in den Schlitz. Die rollt zum sogenannten *Münzprüfer*. Dieses Gerät »scannt« das Geldstück: Mit verschiedenen Sensoren und Lichtschranken schaut es sich die Münze genau an. Es prüft die Größe, die Dicke, das Material, das Gewicht, die Prägung und die Oberfläche, um herauszufinden, welche Münze ihr eingeworfen habt und ob das wirklich ein echter und ganz sicher kein gefälschter Euro ist. Erkennt der Münzprüfer die Münze nicht als echten Euro, meldet er »Pfui!« an den Steuercomputer. Der macht die Klappe auf, und euer Kleingeld kullert sofort wieder nach draußen ins Ausgabefach.

Wie ich euch kenne, habt ihr aber natürlich einen echten Euro eingeworfen. Das gibt der Prüfer an die Steuerung weiter, und die zeigt euch das außen im Display an. Ihr habt jetzt also 1 Euro *Kredit* beim Automaten. Dafür könnt ihr euch was aussuchen. Gleichzeitig öffnet sich innen im Automaten eine andere Klappe, und euer Euro wird über eine Weiche – ähnlich wie die Weichen bei der Eisenbahn – gleich in die richtige *Tube*, ein Metallrohr, einsortiert. In jeder Tube sammeln sich Münzen vom gleichen Wert. Damit gibt der Automat dem nächsten Kunden sein Wechselgeld.

Ihr habt also einen Euro Kredit und drückt die Taste für die Gummibärchen. Die Automatensteuerung vergleicht eure Wahl (Gummibärchen für 80 Cent) mit eurem Kredit (1 Euro) und lässt die Packung unten rauspurzeln. Der Preis (80 Cent) wird vom Kredit (1 Euro) abgezogen, und ihr könntet noch mehr kaufen. Weil ihr aber die Rückgabetaste gedrückt habt, schickt das Automatenhirn den Befehl »Ein Stück auszahlen!« an die 20-Cent-Tube. Ihr nehmt euer Restgeld aus dem Rückgabefach und die Süßigkeiten aus dem Ausgabeschacht. Und dann greift ihr wahrscheinlich sofort tief in die Gummibärchentüte ...

Mit Geldscheinen funktioniert das ganz genauso. Auch die schaut sich der Prüfer von allen Seiten an. Manchmal kann es sein, dass ein Schein oder eine Münze leicht beschädigt oder verdreckt ist und wieder ausgespuckt wird. Dann hilft es oft, das Geld anders herum einzustecken. Dass manche Leute die Münzen außen am Automaten rubbeln, sehen die Hersteller gar nicht gern. Trotzdem kann's manchmal helfen, falls Schmutz in den Rillen ist.

☞ ***Übrigens:*** Automaten waren nicht immer kleine Computer-Superhirne. Alte Modelle haben Münzen wirklich nur auf Größe und Gewicht geprüft und konnten nicht mit verschiedenen Preisen umgehen. Deshalb hatte der Automat genau das im Sortiment, was auch zum gleichen Preis verkauft werden konnte. Logische Folge: Die Auswahl an verschiedenen Schleckereien war nicht besonders groß. Einkaufen an alten Automaten ging ziemlich einfach: Wenn man genug Geld eingeworfen hatte, durfte man eine Klappe öffnen. Ganz ohne Computersteuerung, Lichtschranken und komplizierte Sensoren.

Welche ist die größte Zahl der Welt?

Kristian aus Friedrichsdorf-Köppern

Also gut. Ich versuch's mal: *999 887 889 664 533 848 388 283 884 848 828 848 858 883 488 228 656 351 241 537 647 580 008 000 303 773 774 757 577 747 477 657 677 477 756 324 342 449 709 894 737 500 043 050 300 337 274 375 040 502 645 737 295 969 402 005 403 883 884 509 000 300 304 848 383 094 094 998 437 000 099 900 000 000 000.*

Puh, eine riesige Zahl. Aber ist das die größte Zahl der Welt? Sicherlich nicht. Würde man ganz am Anfang an der vierten Stelle zum Beispiel eine 9 statt der 8 schreiben, wäre die Zahl schon wieder größer. Außerdem könnte hinten jemand einfach eine 1 oder eine 2 oder eine 87 dazuschreiben – immer würde die Zahl noch größer.

Eine verdammt große Zahl, die sogar einen eigenen Namen bekommen hat, ist *Googol*. Das ist 10^{100}, sprich: zehn hoch einhundert. Das bedeutet eine Eins mit 100 Nullen. Die sieht ausgeschrieben so aus:

10 000 000 000 000 000 000 000 000 000 000 000 000 000 000 000 000 000 000 000 000 000 000 000 000 000 000 000 000 000 000 000 000 000 000 000 000.

Auch beeindruckend. Dass die bekannte Internetsuchmaschine so ähnlich heißt wie die Riesenzahl Googol, ist natürlich kein Zufall. Die Erfinder wollen damit wahrscheinlich andeuten, dass die Suchmaschine unglaublich viele Internetseiten kennt und dass da bestimmt auch die dabei ist, die der neugierige Internetsurfer gerade sucht.

Die Frage bleibt: Ist Googol die größte Zahl der Welt? Auf keinen Fall! Auch hier könnte man einfach eine kleine 1 am Schluss dazuschummeln, und schon wäre Googol +1 größer als Googol.

Die Antwort lautet: Es gibt keine größte Zahl der Welt! 1, 2, 3, 4, 5, 6 und so weiter – diese Zahlenreihe hört niemals auf. Um das auszudrücken, haben Mathematiker für unendlich große Zahlen ein eigenes Zeichen eingeführt: die liegende Acht.

Die sieht so aus: ∞

Willis Wissen: Es gibt keine absolut größte Zahl, aber ein Symbol für »unendlich«. Unendlich ist aber keine richtige Zahl, sondern ein Zeichen dafür, dass es immer weitergeht. Weiter, als wir Menschen uns das vorstellen können, und auch weiter, als unsere besten Computer rechnen können.

Willis TIERISCHES Wissen

»Gab es bei den Dinos schon Karies?«
»Haben Schnecken Zähne?«
»Warum passiert Vögeln nix, wenn sie oben auf der Stromleitung sitzen?«

Gab es bei den Dinos schon Karies?

Bettina aus Plettenberg

Dinosaurier sind vor ungefähr 65 Millionen Jahren ausgestorben, also vor 65.000.000 Jahren. Davor haben sie ungefähr 200 Millionen Jahre lang auf der Erde gelebt, vermuten die Forscher. Alles, was wir über Dinos wissen oder zu wissen glauben, stammt von Ausgrabungen, Versteinerungen und Knochenfunden. Von uns Menschen war ja damals niemand dabei. Trotzdem fällt die Antwort ziemlich eindeutig aus: Dinosaurier hatten keine Karies!

Karies heißt auch *Zahnfäule*. Gruselig! Sie entsteht durch verschiedene Bakterien, die jeder im Mund hat. Manche von denen setzen sich besonders gern im Zahnbelag fest. Wenn sie dann noch mit viel Zucker versorgt werden und man sie genügend Zeit in Ruhe lässt, starten sie eine chemische Reaktion, die langsam, aber sicher die Zähne angreift, Löcher reinbohrt und dem Zahnbesitzer Schmerzen zufügt. Der muss zum Zahnarzt und sich den kaputten Zahn reparieren und oft sogar ziehen lassen.

Was kann man dagegen tun? Regelmäßig vernünftig die Zähne putzen, vor allem vor dem Schlafengehen, damit die Bakterien nachts nicht gemütlich vor sich hin bohren können. Und: Nicht so viele Süßigkeiten essen! Allerdings finden die Bakterien Chips, Pommes und Pizza leider genauso super wie wir.

»Einmal Pommes Schranke, bitte!«, sagte der Tyrannosaurus Rex …

Was hat das mit den Dinos zu tun? Genau können wir's ja nicht sagen, aber da sich bisher bei keiner Ausgrabung Hinweise darauf gefunden haben, dass es bei den Dinos Süßigkeiten, Pizza oder Pommes gegeben hat, hatten sie ziemlich sicher auch keine Karies. Karies entsteht durch falsche Ernährung, und die Natur richtet den Tieren ihre Speisekarte immer so ein, dass sie ihnen nicht schadet.

Was heißt das für heute lebende Tiere? Sie können genauso Karies bekommen wie wir. Die Zähne von vielen Tierarten sind denen von Menschen nämlich ziemlich ähnlich. Und weil sich Tiere logischerweise nicht die Zähne putzen können, sind sie bei falscher und für sie unnatürlicher Ernährung sogar sehr kariesgefährdet! Das kann Tieren leider schnell passieren: Wenn der Affe im Zoo zum Beispiel Schokolade zugeworfen bekommt, freuen sich die Bakterien, denn denen schmeckt die Schoki nämlich mindestens genauso wie dem Affen selbst. Aber auch wenn der Hund zu Hause den Rest von der Pizza frisst oder die Katze Kartoffelchips knabbern darf: höchster Kariesalarm!

Willis Wissen: Dinos hatten fast sicher keine Karies, weil sie nicht an Schokoriegel oder Pommes rangekommen sind. Tiere können aber sehr wohl Karies bekommen, wenn sie Dinge essen, die nicht auf ihrer natürlichen Speisekarte stehen.

Woher wissen die Bienen, welchen Honig sie sammeln müssen?

Martina aus Eckernförde

Das entscheidende Wort ist ganz schön lang: *Blütenstetigkeit*. Wenn Bienen nämlich eine Blütenart gefunden haben, die gerade viel Nektar oder Honigtau im Angebot hat, bleiben sie ihr treu, bis sie verblüht ist. Dass Bienen *blütenstet* sind, ist deshalb wichtig, weil sie ja Pollen von einer Blüte zur nächsten weitertransportieren und sie so bestäuben.

Ein Bienenvolk besteht im Sommer aus 40.000 bis 60.000 Bienen. Im Bienenstock herrscht Arbeitsteilung: Es gibt so etwas wie »Pfadfinderbienen«, die ungefähr drei Kilometer weit rund um den Bienenstock nach den besten und saftigsten Blüten suchen. Haben diese Kundschafterinnen einen süßen Sammelplatz gefunden, dann geben sie ihren Kolleginnen diese Information mit Hilfe des berühmten *Schwänzeltanzes* weiter. Wenn die Nektarquelle sehr nah am Bienenstock ist, tanzen sie den *Rundtanz*.

Mit ihrem Tänzchen sagen die Pfadfinderbienen zum Beispiel zu den Arbeiterinnen: »Los, Mädels, da hinten, 800 Meter in südöstlicher Richtung, gibt's saftigen Löwenzahn!« Das lassen sich die Sammlerbienen natürlich nicht zweimal sagen und machen sich sofort an die Nektar-Ernte. So lange, bis der ganze Löwenzahn »abgefrühstückt« oder verblüht ist.

Der Imker gibt seinen Bienen einen dezenten Sammeltipp

Bienen lassen sich nicht vorschreiben, welche Blüten sie anfliegen. Sie nehmen immer die, die am schnellsten zu erreichen sind und den meisten süßen Nektar versprechen. Aber es gibt einen Trick: Manche Imker können ihre Bienenstöcke bewegen. Also bauen sie ihr Bienenvolk zum Beispiel einfach neben einem blühenden Rapsfeld auf. Dann ist ziemlich klar, dass sich die Bienen das satte Rapsfeld direkt vor ihrer Haustüre als Nektar-Tankstelle schnappen. Der Imker bekommt nahezu reinen Rapshonig, weil sich die Bienen ja *blütenstet* auf dieses Feld konzentrieren. Genauso entstehen Honigsorten wie Kleehonig, Akazienhonig, Edelkastanienhonig, Löwenzahnhonig oder Tannenhonig. Wenn eine bestimmte Menge, deutlich mehr als die Hälfte, von dieser einen Sorte Blüten im Glas ist, darf sich der Honig *Sortenhonig* nennen. Mischt er sich aus verschiedenen Blüten, heißt er logischerweise *Blütenhonig*. Achtet mal drauf! Ein Imker muss genau wissen, auf welche Blütensorte sich seine Bienen gerade konzentrieren, dann weiß er auch, welchen Honig er herstellen kann.

Die Experten vom Deutschen Imkerbund haben ausgerechnet, dass die Bienen von einem einzigen Volk für ein normales Glas Honig so weit und so oft hin und her fliegen müssen, dass die zurückgelegte Flugstrecke dreimal um den Globus reicht. Unglaublich!

☞ ***Übrigens:*** Die Deutschen sind Honigschleckweltmeister. Jeder verputzt im Durchschnitt 1,4 Kilogramm Honig im Jahr, also fast drei Gläser.

Willis Wissen: Bienen sind blütenstet: Sie bleiben einer guten Blütenart so lange treu, bis nichts mehr zu holen ist. So kann der Imker Sortenhonig herstellen.

Warum vergiften sich Giftschlangen nicht selbst?

Lukas aus Köln

Wenn sich Schlangen mit ihrem eigenen Gift vergiften würden, wären sie nicht nur ziemlich doof, sondern auch schon längst ausgestorben. Kann also nicht sein. Allerdings: »Wenn sich eine Giftschlange selber beißt, stirbt sie an ihrem eigenen Gift«, sagt Christian Driesen vom TerraZoo in Rheinberg. Das kommt sehr selten vor und ist immer ein tragischer Unfall. Aber: Es funktioniert. Schlangengift wirkt normalerweise nur im Blutkreislauf der Beute. Die Schlange beißt eine Maus und spritzt ihr dabei Gift. Das gelangt ins Blut der Maus und tötet sie. Dann verschluckt die Schlange die mit Gift gefüllte Maus wie ein »Giftbonbon«. Im Magen der Schlange wird das Gift von der Magensäure zersetzt und unschädlich gemacht. Weil das Gift nicht in den Blutkreislauf der Schlange kommt, passiert ihr nichts.

Die Schlange stellt ihr Gift in zu Giftdrüsen umgewandelten Speicheldrüsen her. Es ist ein kompliziertes Gemisch, das überwiegend aus Eiweißen besteht. Die meisten Schlangenarten spritzen ihr Gift aus zwei hohlen Zähnen im Oberkiefer in die Beute. Das Gift wirkt in den meisten Fällen, indem es die Nerven oder die inneren Organe der Beute lähmt. Wenn zum Beispiel die Lunge gelähmt wird, kann das Beutetier nicht mehr atmen und erstickt.

Wenn sie aber so dumm oder ungeschickt ist und sich selber beißt, spritzt sich die Schlange das Gift selbst ins Blut und stirbt daran. Genau wie die Maus.

Sind Faultiere wirklich faul?

Daniel aus Wackersberg

»Faultiere sind eigentlich nicht faul, sondern schlau«, sagt Dr. Michael Flügger, Tierarzt bei Hagenbecks Zoo in Hamburg. Faultiere heißen in erster Linie so, weil sie's ziemlich gemütlich angehen lassen und sich sehr langsam bewegen. Manche Forscher behaupten, Faultiere würden in Gefangenschaft bis zu 20 Stunden am Tag schlafen. Wenn ihr also morgens um 8 Uhr aufstehen würdet und ein Faultier wärt, dann würdet ihr schon um 12 Uhr wieder ins Bett gehen. Klingt nach einem ganz schönen Langweilerleben, wenn ihr mich fragt. In freier Wildbahn sollen die Faultiere dagegen nur etwa halb so lange schlafen, ungefähr neuneinhalb Stunden. Dass

Faultiere sehr träge sind, ist klar. Allerdings ist schwer zu sagen, ob sie wirklich so lange schlafen und dösen oder aber wach sind und einfach nur sehr trantütig unterwegs. Und zwar deshalb, weil sie genau auf diese Weise prima durchs Leben kommen.

Müssten Faultiere deshalb in Wirklichkeit eigentlich *Schlautiere* heißen? Faultiere ernähren sich fast nur von Blättern. Die enthalten nicht besonders viel Energie und sind ziemlich schwer zu verdauen. Dafür braucht das Faultier viel Kraft. Es lebt und pennt im Baum, da sind Blätter nie weit. Es wohnt sozusagen in seiner Speisekammer. Blättern muss das Tier nicht hinterherjagen, es kann sie sich auch in Zeitlupe pflücken. Faultiere bewegen sich wirklich sooooo langsam, dass sogar Algen in ihrem Fell wachsen. Durch die Algen schimmern sie grün und sind im Baum perfekt getarnt. Faul = schlau!

Feinde des Faultiers sind Greifvögel wie der Adler und Raubkatzen wie der Jaguar. Beide reagieren vor allem auf schnelle Bewegungen ihrer Beute. Weil sich das Faultier aber fast gar nicht bewegt und gut getarnt ist, haben es die Jäger doppelt schwer, es zu entdecken. Schlafmützigkeit kann Leben retten! Zumindest bei Faultieren gilt also: Faul = schlau! Ich plädiere hiermit ab sofort für *Schlautier* statt *Faultier*.

☞ ***Übrigens:*** Eine der faulsten Socken in der Tierwelt ist der Löwe. Genau, der König der Tiere! Löwen haben keine Eile. Die schlafen oder dösen manchmal wirklich 20 Stunden am Tag. Wenn die Jagd besonders erfolgreich war, schlafen sie auch mal zwei Tage fast durch. Meistens sind es sowieso die Löwendamen, die das Essen organisieren. Die Männer beschützen Rudel und Revier. Dafür darf der Chef immer zuerst ins Festmahl beißen. Falls er es nicht verpennt …

Willis Wissen: Tragen Faultiere ihren Namen zu Unrecht? Nein! Ob sie nun pennen, dösen oder hellwach sind: Faultiere sind ziemliche Schlafmützen, die sich nur seeeeeehr, seeehr langsam, im Zeitlupentempo vorwärtsbewegen. Dass sie so schnarchnasig unterwegs sind, ist für ihr besonderes Leben wiederum ziemlich schlau. Für mich wär's nix und für euch wahrscheinlich auch nicht.

Wie viele PS hat ein Pferd wirklich?

Dorothea aus Annaberg

Wenn ein Auto 100 PS, also 100 Pferdestärken hat, dann müsste es alleine so stark sein wie einhundert Pferde gemeinsam. Stimmt das wirklich? Ja, es stimmt! Ein Pferd hat im Durchschnitt wirklich ein PS. Aber ganz so einfach ist die Antwort trotzdem nicht.

Die Leistung einer Maschine ausgerechnet in *Pferdestärken* zu messen ist eine Idee des schottischen Ingenieurs James Watt. Ende des 18. Jahrhunderts suchte der nämlich einen Weg, die Betreiber von Bergwerken davon zu überzeugen, dass die Dampfmaschine, die er ihnen verkaufen wollte, viel besser für die schwere Arbeit geeignet ist als Pferde. Zu dieser Zeit nutzten die Menschen nur sehr wenige Maschinen, die meiste Arbeit mussten Pferde oder Ochsen verrichten.

Watt rechnete aus, wie viel Kohle ein Pferd an einem Tag aus dem Bergwerk zieht. Als Ergebnis kam heraus, dass ein Pferd im Durchschnitt ein Gewicht von 74,5 Kilogramm – also ungefähr einen Willi-großen Menschen – in einer Sekunde einen Meter weit schleppen kann. Das definierte Watt als eine Pferdestärke oder 1 PS. Heute würde man sagen, ein PS entspricht einer Leistung von 735 Watt.

Allerdings wollte James Watt ja seine Dampfmaschinen verkaufen, deshalb war diese Berechnung den Pferden gegenüber nicht ganz fair. Schließlich schafften sie im Bergwerk deshalb nur ein PS, weil sie die Kohle aus der Tiefe heraufziehen mussten. Ein ziemlicher Knochenjob. Unter anderen Umständen kann ein Pferd durchaus mehr als ein PS Kraft erzeugen. Das hängt vom Pferd selbst und der Rasse ab, aber auch vom Boden und den Bedingungen.

Berechnungen im Jahr 1925 haben ergeben, dass ein normales 600 Kilogramm schweres Pferd bei einem Wettrennen bis zu 15 PS erreicht. Heute gehen Forscher sogar davon aus, dass ein richtig guttrainiertes Spitzenrennpferd mehr als 20 PS leisten kann. Das allerdings nur unter besten Voraussetzungen und nur für sehr kurze Zeit. Als Daumenregel für normale Pferde kann man immer noch sagen, dass ein Pferd über einen langen Zeitraum im Durchschnitt 1 PS Leistung erreicht.

Und wie viel PS hat ein Mensch? Schwer zu messen: Das kommt drauf an, wie fit, groß, schwer und durchtrai-

niert der Mensch ist. Wer zum Beispiel den Willi ;-) in einer Sekunde einen Meter hochheben kann, hat auch eine Pferdestärke. Für Gewichtheber und Bodybuilder wäre das kein Problem. Für ganz normale Menschen wie mich oder wie euch wahrscheinlich auch, ist das aber kaum zu schaffen.

Willis Wissen: Ein PS ist eine ganze Menge Power. Pferde schaffen trotzdem kurzzeitig sogar deutlich mehr als ein PS. Auf längere Zeit gesehen, ist eine Pferdestärke aber wirklich ungefähr so viel Kraft, die ein Pferd dauerhaft aufbringen kann.

Und jetzt: Weiterreiten zur nächsten guten Frage!

Warum nicken Tauben beim Gehen mit dem Kopf?

Nicklas aus Köln

Tauben nicken mit dem Kopf, damit sie besser sehen! Klingt komisch, ist aber so.

Damit das Auge ein scharfes Bild ans Gehirn schicken kann, versucht es, sich möglichst lang auf einen Punkt zu konzentrieren. Besonders wichtig ist das in Bewegung. Das merken wir zum Beispiel, wenn wir mit dem Auto oder dem Zug fahren, aus dem Fenster schauen und draußen irgendetwas genau erkennen wollen. Dann bleibt unser Auge für einen kurzen Moment an dem Objekt »kleben«, verfolgt es so lange wie möglich und springt dann schnell weiter zum nächsten Fixpunkt. So haben Auge und Gehirn ein paar Millisekunden Zeit, ein scharfes Bild zu erzeugen und die Informationen zu verarbeiten.

Tauben haben ihre Augen seitlich am Kopf. Das gibt ihnen einen prima Rundum-Panoramablick. Allerdings haben sie – übrigens genauso wie Hühner – ein Problem: Sie können ihre Augen nicht so gut bewegen wie wir Menschen. Die fehlende Beweglichkeit der Augen gleichen sie mit ruckartigen Bewegungen des ganzen Kopfes aus. Sie bewegen nicht wie wir nur den Augapfel, sondern gleich den ganzen Schädel. Wenn die Taube einen Schritt nach vorne geht, bleibt der Kopf für einen Augenblick zurück. Dadurch steht das Bild, das die Augen der Taube wahrnehmen, für einen kurzen Moment still und ist scharf.

Wenn wir eine Taube beobachten, die an uns vorbeigeht, verfolgen wir sie einfach nur mit den Bewegungen unserer Augäpfel. Wir müssen den Kopf nicht drehen, um der Taube beim Vorwärtsruckeln zuzuschauen. Ganz schön komfortabel – und ganz schön lustig.

Willis Wissen: Weil Tauben ihre Augen nicht gut bewegen können, müssen sie den ganzen Kopf bewegen. Durch das Kopfnicken erzeugen sie ein scharfes Bild im Gehirn.

Haben Känguru-Papas auch einen Beutel?

Annica aus Barcelona in Spanien

Känguru-Mamas sind knapp 30 Tage, also einen Monat lang, schwanger. Dann kommt das Baby zur Welt. Das kleine Känguru ist zu diesem Zeitpunkt kaum größer und schwerer als ein Gummibärchen. Es ist noch nackt, taub und blind. Trotzdem findet es den Weg in den Beutel der Mama. Hier hängt es sich sofort an eine der Zitzen und »zapft« kräftig Milch.

So wird es schnell größer. Nach ungefähr acht Monaten verlässt das Baby seine Beutelwohnung komplett. Dann ist es zu groß und zu schwer für »Hotel Mama«. Die letzten sechs bis acht Wochen davor steigt der Nachwuchs immer mal wieder ein und aus und kommt auf jeden Fall weiterhin zum Milchtrinken vorbei.

Auch spannend: Känguru-Mamas haben manchmal

sogar zwei Kinder gleichzeitig in verschiedenem Alter. Eins hüpft noch ab und zu in den Beutel, wo schon das nächste gummibärchengroße Känguru-Kind eingezogen ist und an der Zitze nuckelt. Beide Kinder bekommen sogar unterschiedliche Muttermilch und werden dadurch mit genau dem versorgt, was sie gerade brauchen, um möglichst schnell groß und stark zu werden. Faszinierend!

So, wie sieht's jetzt mit den Känguru-Papas aus? Ein »Vaterbeutel« klingt zumindest praktisch: Die Papas könnten Spielsachen mitnehmen oder ein bisschen Kleingeld für die Eisdiele ... Aber das ist natürlich reiner Unsinn: Känguru-Männchen haben keinen Beutel! Und kleine Kängurus haben keine Spielsachen, und in Eisdielen hüpfen die australischen Nationaltiere auch nicht hinein.

☞ ***Übrigens:*** Es gibt eine lustige Legende, wie die Kängurus zu ihrem Namen gekommen sein sollen. Demnach soll der britische Seefahrer James Cook australische Ureinwohner, die *Aborigines*, gefragt haben, was das denn für komische Viecher seien, die überall rumhüpften. Angeblich haben die Aborigines »Kangoroo« geantwortet. Später stellte sich heraus, dass »Kangoroo« in der Sprache der australischen Ureinwohner »Ich kann dich nicht verstehen« bedeutet. Da hatte James Cook »Kangoroo« aber längst als Namen für die australischen Beuteltiere notiert und verbreitet. Wahrscheinlich ist das aber nur eine schöne Geschichte, die so nie passiert ist.

Willis Wissen: Für das Kinderkriegen und das Milchgeben sind von Natur aus die Känguru-Damen zuständig. Genau dafür gibt es den Beutel. Für Männchen würde er ganz einfach keinen Sinn machen. Weil die Natur nur selten Dinge macht, die sinnlos sind, haben Känguru-Papas definitiv keinen Beutel.

Sind Zebras weiß mit schwarzen Streifen oder schwarz mit weißen Streifen?

Mai aus München

»Zebras sind eindeutig weiße Tiere mit schwarzen Streifen«, sagt Dr. Michael Flügger. Er ist Zootierarzt bei Hagenbeck in Hamburg und muss es wissen. Warum er sich

so sicher ist, könnt ihr zum Beispiel unten am Bauch von Zebras sehen oder an den Innenseiten der Beine: Dort ist viel mehr weißes Fell. Außerdem hat es früher eine Zebra-Art gegeben, die nur am Kopf und am Hals Streifen hatte und sonst streifenfrei hell war: das *Quagga*. Die Antwort lautet also: Zebras sind weiß mit schwarzen Streifen!

WARUM sie allerdings ihre Streifen haben, ist immer noch umstritten. Da gibt es ein paar Antworten, die alle gut klingen. Welche richtig ist, und ob überhaupt eine stimmt? Man weiß es nicht genau. Es ist schon verrückt: Menschen malen Zebrastreifen auf die Straße, weil die besonders auffällig sind und Autofahrer sofort wissen: Achtung, Zebrastreifen, hier sind Fußgänger unterwegs! Zebras wiederum nutzen ihre Zebrastreifen vielleicht genau fürs Gegenteil: zur Tarnung. Das schwarzweiße Fell ist sozusagen ihr maßgeschneiderter Tarnanzug.

Perfekt versteckt im Streifenhemd?

Sind Zebrastreifen nun gut zum Auf- oder zum Abtauchen? Beides geht! Wenn man direkt neben dem Zebrastreifen steht, sind die weißen Streifen auf der schwarzen Teerstraße total auffällig und deshalb ein sicherer Überweg für Fußgänger. Auch wenn man direkt neben einem Zebra steht, ist es nicht zu übersehen. Schlechte Tarnung, könnte man meinen. Vor einem grünen Wald zum Beispiel sieht man das schwarzweiße Wildpferd prima.

Aber: Zebras leben normalerweise in der afrikanischen Steppe. Da ist es meistens so heiß, dass die Luft flimmert. Das kennt ihr von langen Teerstraßen im Hochsommer: Die extrem heiße Luft direkt über dem Boden steigt nach oben. Allerdings nicht gleichmäßig – an manchen Stellen vermischt sich heiße, aufsteigende mit kälterer, fallender Luft. An den Kanten der unterschiedlichen Luftschichten wird das Licht abgelenkt. Das kann zu Spiegelungen führen. Komplizierter Vorgang, einfache Folge: Die Luft flimmert, und wir können das, was in einiger Entfernung passiert, nur unscharf erkennen.

Das nutzen die Zebras im heißen Afrika womöglich aus: Bei flimmernder Luft in der heißen Steppe funktioniert der schwarzweiße Tarnanzug perfekt. Die Streifen verschwimmen im Hintergrund. Angreifer können die Zebras kaum vom hohen Gras und von der heißen Luft unterscheiden. Komplett wird die Verwirrung, wenn mehrere Zebras dicht beisammenstehen: Raubtiere können nicht mehr unterscheiden, wo ein »Zebra-Braten« anfängt und wo der andere aufhört. Deswegen suchen sie sich frustriert anderswo ihr Futter und lassen die Zebras in Ruhe.

Die Streifen schützen das Zebra aber nicht nur vor Angreifern wie Löwen und Hyänen. Besonders böse ist die afrikanische Tsetsefliege. Sie überträgt mit ihrem Stich die für Tiere und sogar für Menschen lebensgefährliche *Schlafkrankheit*. Die fiese Fliege hat aber ein Problem: Wegen der Streifen entdeckt sie die Zebras nur sehr schlecht. Meistens fliegt sie an ihnen vorbei und lässt die Zebras weitergrasen.

Tarnung ist also wohl der Hauptgrund für den Streifenanzug der Zebras. Weitere mögliche Vorteile wie eine Art »Fell-Klimaanlage« durch Luftbewegungen zwischen schwarzen und weißen Streifen werden noch diskutiert.

Alle Gründe für Zebrastreifen klingen richtig gut. Trotzdem stellt Dr. Flügger eine genauso richtige Frage: Wenn das Streifenkleid so eine super Tarnung ist, warum haben sich dann andere Steppenbewohner wie Büffel oder Antilope, die genauso von hungrigen Löwen und fiesen Fliegen gejagt werden, dieses Streifenmuster nicht über die Jahre längst abgeguckt? Hmmm …

Fest steht: Jedes Zebra hat ein einzigartiges und einmaliges Fellmuster. Ein Zebrafohlen entdeckt seine Mama immer sofort.

Auch der schwarzweiße Strichcode auf unseren Lebensmittelpackungen sieht auf den ersten Blick immer gleich aus und enthält doch jeweils viele unterschiedliche Informationen.

☞ ***Übrigens:*** Der Tiger lebt nicht in der Steppe, sondern im Dschungel. Er hat seine Streifen wohl wirklich zur Tarnung. Je später er im Blätter-Wirrwarr, in dem sich auch Sonne und Schatten ständig abwechseln, entdeckt wird, desto näher kann er sich an seine Beute heranschleichen.

Willis Wissen: Das auffällig unauffällige Streifenhemd der Zebras hat garantiert einen Sinn und Vorteile für das Leben in der afrikanischen Steppe. Glaubwürdige Erklärungen gibt es viele, aber ein kleines Fragezeichen bleibt. Die Forscher müssen am Zebrafell wohl noch ein bisschen weiterforschen.

Haben Elefanten Nasenpopel?

Markus und Maximilian aus Hammelburg

Super Frage! Eine der kniffligsten überhaupt in diesem Buch. Ich habe bei einigen Zoos in Deutschland nachgefragt, und so ganz sicher waren sie sich alle nicht. Da hat einfach noch niemand nachgeschaut. Das würden die Elefanten bestimmt auch nicht so lustig finden, wenn einfach jemand mit der Taschenlampe in ihrem Rüssel nach Popeln sucht …

Die Antwort lautet: Elefanten haben sehr sicher KEINE Nasenpopel! Sie können zwar einen Schnupfen kriegen, und dann läuft dem Elefanten der Rüssel wie uns die Nase. Aber dass sich Nasenschleim festsetzt und trocknet, das kommt beim Elefanten wohl nicht vor. Der Rüssel ist auch beim gesunden Elefanten innen immer ein bisschen feucht und glitschig, außerdem haben Elefanten viel mehr Druck auf dem Rüssel als wir auf der Nase. Da bleibt nichts so leicht stecken, wenn die richtig lostrompeten. Darüber hinaus haben sie im Inneren vom Rüssel – anders als wir – nicht so viele feine Härchen, an denen sich der Schleim festhalten könnte.

Ein Elefantenrüssel ist außerdem mehr als nur die Nase. Er ist ein Allzweck-Werkzeug. Entwickelt hat er sich aus der Nase (deutlich zu sehen an den beiden Nasenlöchern), die mit der Oberlippe verwachsen ist. Der Rüssel ist ein reiner, kräftiger Muskelschlauch. Dadurch können Elefanten viel mehr mit ihrem Rüssel anfangen als wir mit der Nase: Sie saugen Wasser mit dem Rüssel an, um es sich dann zum Trinken ins Maul zu spritzen, oder sie rüsseln es sich zum Duschen über den Kopf. Natürlich riechen Elefanten auch mit dem Rüssel, und zwar sehr viel besser als wir Menschen. Außerdem nehmen sie den Rüssel, wofür wir die Hände nutzen: zum Tasten und Greifen zum Beispiel. Zusätzlich »unterhalten« sich Elefanten mit Hilfe des Rüssels: entweder lautstark, wenn sie lostrompeten, oder auch dezenter. Elefanten können sich mit dem Rüssel nämlich versteckte Zeichen geben, so wie wir uns mit heimlichen Handzeichen verständigen, wenn andere unsere Botschaft nicht mitkriegen sollen.

Ihr merkt schon: Es wäre wahrscheinlich eine ganz schöne Katastrophe für den Elefanten, wenn ein ordentlicher Nasenpopel sein wichtigstes Werkzeug verstopfen und blockieren würde. Er könnte sich ja nicht mal in der Nase bohren …

Willis Wissen: Obwohl sie Schnupfen kriegen können, haben Elefanten fast ganz sicher keine Nasenpopel!

Wer sagt dem Vogelschwarm, wo's langgeht?

Emma aus Leipzig

Wenn man mehrere Vögel, also einen Vogelschwarm, am Himmel fliegen sieht, kann man oft ein *Vogel-V* erkennen: Ein Vogel fliegt voraus, die anderen leicht zur Seite versetzt hinterher. Sieht so aus, als wäre der eine der Chef, der den anderen zeigt, wo's langgeht. Stimmt aber nicht!

Vögel fliegen in der sogenannten V-Formation vor allem, um auf langen Strecken Kraft zu sparen. Das ist besonders wichtig, wenn sie zum Überwintern in den Süden wollen. Manche Vogelarten legen da nämlich einige Tausend Kilometer zurück. Die Küstenseeschwalbe fliegt sogar einmal den ganzen Weg vom Nordpol zum Südpol, also von der Arktis in die Antarktis, stolze 36.000 Kilometer.

Das schaffen nur die Vögel, die richtig fit sind. Wer ganz vorne fliegt, muss mit seinem Schnabel erst mal den *Luftwiderstand* überwinden, sich also sozusagen einen Weg durch die winzigen Luftteilchen bahnen. Die Luft strömt dann an seinem Kopf, dem Körper und den Flügeln vorbei. Der erste Vogel braucht daher viel Kraft. An den Spitzen seiner Flügel entstehen Luftwirbel. Die verringern den Luftwiderstand für die Vögel, die sehr dicht und leicht versetzt hinter ihm fliegen. Durch das V fliegt bis auf den ersten Vogel jeder im *Windschatten* vom Vordermann.

Das heißt: Nummer Eins macht den Weg frei und zieht die anderen mit. Deshalb braucht der knapp dahinterfliegende Vogel viel weniger Kraft. Das spart so viel Energie, dass der Vogelschwarm mit dem gleichen Kraftaufwand um mehr als die halbe Strecke weiterkommt. Wenn ein einzelner Vogel also zum Beispiel schon nach 10 Kilometern Flug fix und fertig ist, schafft er es im Vogelschwarm locker 15 Kilometer weit. Wenn ihr genau hinschaut, seht ihr vielleicht, dass die hinteren Vögel in so einem V oft einfach segeln können, ohne selber viel mit den Flügeln schlagen zu müssen.

Das gleiche Prinzip – Kraftsparen durch Ausnutzung des Windschattens – könnt ihr auch bei Radrennen beobachten: Die Mitglieder eines Teams fahren meistens dicht beieinander, um Kraft für den Schlussspurt ins Ziel zu sparen. Wahrscheinlich haben sie sich das bei den Zugvögeln abgeguckt …

Fairer Sportsgeist im Vogel-V am Himmel

Weil Vögel fair sind und unterwegs auch keiner schlappmachen soll, wechseln sie sich an der Spitze ab. Es gibt also keinen Anführer im Vogelschwarm. Das heißt auch, dass es keinen Chef gibt, der dem Schwarm sagt, wo's langgeht. Trotzdem fliegen Zugvögel jedes Jahr fast die gleichen Plätze an. Wie sie das genau machen, ist noch nicht erforscht. Sicher ist: Vögel können sich exzellent am Stand der Sonne, an den Sternen oder mit einem eingebauten Kompass am *Magnetfeld* der Erde orientieren. Außerdem haben Vögel ihre Zugrichtung von Geburt an einprogrammiert. Auch wenn sie noch nie in ihrem Winterquartier waren, kennen sie die Richtung und die ungefähre Dauer der Reise.

☞ ***Übrigens:*** Vögel spüren, wann es Zeit wird, sich zu sammeln und gemeinsam in den Süden aufzubrechen. Das sagt ihnen ihre innere Uhr. Zusätzlich merken sie auch, wenn im Herbst die Tage kürzer und das Futter weniger werden. Dann machen sie sich bereit für den Abflug. Kurz vorher setzt die sogenannte *Zugunruhe* ein: Die Vögel werden nervös. Ganz so wie Menschen, denen eine lange abenteuerliche Reise bevorsteht.

Willis Wissen: Es gibt keinen Chef im Vogelschwarm. Die Vögel im V wechseln sich ab, um Energie zu sparen. Jeder Vogel hat von Geburt an ein hervorragendes Navigationssystem dabei, das ihm die Richtung der Reise vorgibt.

Müssen Fische auch etwas trinken?

Finn-Frederick aus Wolfhagen

Wenn ihr ganz genau hinschaut, zum Beispiel bei einem Aquarium, dann könnt ihr sehen, dass Fische ständig den Mund auf- und zumachen. Genau wie wir Menschen brauchen nämlich auch Fische *Sauerstoff* zum Atmen.

Dafür haben sie aber keine Nase, sondern die sogenannten *Kiemen*, ungefähr da an der Seite des Kopfes, wo bei uns die Ohren sitzen. Wenn Fische den Mund aufmachen, fließt Wasser in ihr Maul. Das pressen sie an ihren Kiemen vorbei, mit denen sie den im Wasser gelösten Sauerstoff herausfiltern. Der Rest fließt zurück ins Aquarium. Der Goldfisch trinkt also, um zu atmen. Das klappt nur im Wasser. An Land verkleben die Kiemen, sie können mit dem Sauerstoff in der Luft nix anfangen, und der Fisch erstickt.

Trinkt der Fisch im Wasser auch, weil er durstig ist? Nein! Zumindest Süßwasserfische, also zum Beispiel Goldfische oder Bachforellen, haben eine wasserdurchlässige Haut. Sie nehmen ständig automatisch Wasser auf, »trinken« also über die Haut. Sie müssen sogar aufpassen, dass sie genügend wieder rauspinkeln – sonst würden sie irgendwann platzen wie eine Wasserbombe.

Dazu muss man wissen: Salz zieht Wasser an. Das kennt ihr: Wenn ihr viele kleine Salzbrezeln gegessen habt, bekommt ihr Durst. Jedes Lebewesen hat Salz im Körper, die sogenannten *Mineralsalze*. Die braucht der Körper zum Leben. Goldfische zum Beispiel haben mehr Salze im Körper drin, als draußen im Wasser des Süßwasser-Aquariums gelöst sind. Die *Salzkonzentration* in den Zellen des Fisches ist höher. Weil der Goldfisch innen »salziger« ist als das Wasser um ihn herum, saugt er über die Haut Wasser an. Nach dem *osmotischen Gesetz* versuchen sich salzhaltige Flüssigkeiten nämlich so lange zu vermischen, bis die Salzkonzentration ausgeglichen ist. Weniger salzhaltiges Wasser strebt immer – zum Beispiel durch die Fischhaut hindurch – in Richtung der höheren Salzkonzentration. Das nennt man *Osmose*. In diesem Fall also: vom Aquarium durch die Haut in den Fisch. Ganz automatisch, ohne dass der Fisch extra trinkt.

Kann ein Fisch trotzdem verdursten?

Ja! Bei Fischen im Meer ist das nämlich genau umgekehrt: Das Wasser außen herum ist salziger als die Flüssigkeit in den Zellen des Fisches. Obwohl die Fischhaut nicht komplett wasserdurchlässig ist, zieht das Meerwasser ständig Flüssigkeit aus dem Fisch und könnte ihn sogar langsam austrocknen. Dagegen hilft nur: trinken. Er trinkt wirklich mit dem Mund, und die Kiemen filtern nicht nur den Sauerstoff zum Atmen aus dem Wasser, sondern sind gleichzeitig kleine Entsalzungsanlagen. Sie lösen das Salz aus dem Meerwasser und geben es wieder nach außen ab. Der Meeresfisch trinkt also von ihm höchstpersönlich entsalztes Meerwasser. Und davon braucht er eine ganze Menge, um nicht mitten im Ozean auszutrocknen!

Eine Extrawurst braten sich nur die Haie: Obwohl sie im Salzwasser leben, sind sie im Inneren selbst so salzig, dass sie nicht austrocknen.

Willis Wissen: Das, was mit dem Fachbegriff *Osmose* heißt, ist ganz schön kompliziert! Was man sich gut merken kann: Salzwasserfische müssen viel trinken, Süßwasserfische viel pinkeln.

Schlafen Fische?

Paul aus Bad Breisig

Schwer zu sagen, die schauen ja immer gleich aus. Also zumindest machen sie nie die Augen zu. Das können Fische auch gar nicht, ganz einfach, weil sie keine Augenlider haben.

Trotzdem: Fische schlafen! Auch wenn es für uns nicht so aussieht. Sie ruhen sich aus und schalten in einen Energiesparmodus, so ähnlich, wie wenn am Fernseher das kleine rote Licht brennt, während er aus ist. Richtig tief schlafen sie nicht, weil sie ja immer aufpassen müssen, ob ein Feind um die Ecke biegt und sie verspeisen will. Ein guter Wachhund wacht ja auch sofort auf, wenn er verdächtige Geräusche hört. Und weil es sowohl Fische gibt, die tagsüber dösen und nachts auf die Jagd gehen, als auch umgekehrt, leben manche Fischarten immer gefährlich.

Deshalb ruhen sich Fische eher nur aus, als dass sie wirklich tief schlafen. Dafür suchen sich die meisten ein lauschiges, geschütztes Plätzchen unter Steinen oder hinter Schilfgras. Manche Arten legen sich sogar auf die Seite, fast wie wir Menschen.

Andere Arten, wie der Hai zum Beispiel, müssen aber auch, wenn sie sich entspannen wollen, immer ein bisschen weiterpaddeln, damit sie nicht wie ein nasser Sack auf den Meeresboden sinken. Ihnen fehlt nämlich die sogenannte *Schwimmblase*, die Fische normalerweise wie von selbst im Wasser schweben lässt. Mehr dazu steht beim Zitronenhai ab Seite 112.

Lustig: Papageifische ziehen sich sogar eine Art Schlafanzug aus Schleim an. So können ihre Feinde sie noch schlechter sehen und überhaupt nicht mehr riechen. Durch die Tarnung kann sich der Papageifisch wirklich in aller Ruhe entspannen. Schlaues Kerlchen!

Warum erfrieren Fische in zugefrorenen Seen nicht?

Laura aus Hamburg

Wasser ist alles andere als normal: Mal ist es nass und flüssig, mal hart und eiskalt, und mal ist es heiß und raucht wie ein alter Schornstein. Experten sprechen von der *Anomalie des Wassers* und meinen damit die Besonderheit, dass Wasser sowohl flüssig vorkommt, ab ungefähr

100 Grad Celsius auch als Wasserdampf und ab 0 Grad Celsius sogar als Eis.

Diese Anomalie des Wassers macht es Fischen möglich, den Winter zu überleben. Wenn es kalt wird, fangen die Seen an, zuzufrieren. Gefrorenes Wasser dehnt sich aus und schwimmt oben. Genau wie der Eiswürfel im Limoglas. Bevor Wasser zu Eis wird, verringert es seine *Dichte* und wird leichter. Je näher die Temperatur des Wassers dem Gefrierpunkt kommt, desto leichter wird es. Ist der See erst mal zugefroren, isoliert die Eisschicht das Wasser darunter gegen die Kälte. Auch bei minus 20 Grad Celsius Lufttemperatur ist das Wasser unterhalb der Eisschicht immer wärmer als 0 Grad Celsius. Logisch, weil Wasser ab dem *Gefrierpunkt* von 0 Grad Celsius ja zu Eis wird.

Kälteres Wasser steigt nach oben, wärmere Wasserschichten sinken nach unten. Am schwersten und damit auch am *dichtesten* ist Wasser, das plus 4 Grad Celsius warm ist. Es sinkt ab und sammelt sich unten im See.

Diese +4 Grad Celsius sind zwar immer noch bitterkalt, aber trotzdem warm genug, dass Fische nicht einfrieren. So überleben sie den Winter. Sie senken ihre Körpertemperatur ab und bewegen sich nicht mehr als unbedingt notwendig, um Energie zu sparen. Das klappt aber nur in Teichen und Seen, die mindestens 80 Zentimeter tief sind. Flachere Tümpel können nämlich komplett bis zum Grund zufrieren. Dann frieren auch die Fische mit ein und haben keine Chance mehr, über ihre Kiemen Sauerstoff aus dem Wasser aufzunehmen – sie ersticken.

☞ ***Übrigens:*** Ein Luftloch im gefrorenen Teich ist gut für die Fische, weil sie so Nachschub an frischem Sauerstoff bekommen. Allerdings bitte nie ein Loch ins Eis hacken! Die Schallwellen breiten sich auch im Wasser aus, die Fische erschrecken, werden aufgescheucht und verbrauchen dabei viel zu viel Energie. Besser: Mit heißem Wasser versuchen, das Eis stellenweise zu schmelzen.

Willis Wissen: Wasser ist bei +4 Grad Celsius am schwersten und sinkt nach unten. Deshalb ist unten im Teich immer ein Bereich, in dem Fische überwintern können, ohne einzufrieren. Dafür muss der Teich allerdings mindestens einen knappen Meter tief sein.

Woher hat der Zitronenhai seinen Namen?

Milan aus Berlin

Ich hoffe nicht, dass ihr schon mal einen Zitronenhai persönlich kennengelernt habt! Die können nämlich ganz schön sauer werden und in Ausnahmefällen sogar Menschen angreifen.

Auch wenn es passen würde: Nur weil er sauer werden kann, heißt der Fisch natürlich nicht Zitronenhai. Da steckt ein anderer Grund dahinter. Der Ameisenbär zum Beispiel heißt ja deshalb Ameisenbär, weil er gerne Ameisen frisst (mehr über ihn könnt ihr auf Seite 121 nachlesen). Der Zitronenhai dagegen mag weder Zitronen noch anderes Obst oder Gemüse. Er ernährt sich von anderen Fischen und – Achtung! – knabbert manchmal auch an unvorsichtigen Zweibeinern in Ufernähe.

Der Zitronenhai hat seinen Namen ganz einfach deshalb, weil er ein bisschen aussieht wie eine Zitrone, zumindest der Farbe nach. Sein Rücken ist gelblichbraun und sein Bauch gelblich bis weiß. Allerdings: Süß aussehen ist auch nicht gerade die Stärke von Zitronenhaien. Sie werden bis zu 3,40 Meter lang, also fast zwei Willilängen, und dazu bis zu zweieinhalbmal so schwer wie ein Willi. Also ganz schöne Brocken, die Haie. Sauer und leider gar nicht lustig!

☞ ***Übrigens:*** Haien fehlt, was die meisten anderen Fische haben: eine *Schwimmblase*. Die Schwimmblase ist so etwas wie ein kleiner Luftballon im Inneren des Fisches. Durch sie kann er ganz locker im Wasser »schweben«. Will er weiter nach oben, pumpt er ein bisschen mehr Luft nach, will er sinken, lässt er Luft ab. Die Schwimmblase funktioniert in etwa so wie Schwimmflügel für Menschen. Haien fehlt sie aber komplett. Deshalb müssen sie ihre Flossen ständig bewegen, damit sie nicht auf den Meeresgrund sinken. Tag und Nacht. Vielleicht ist der Zitronenhai auch deshalb so sauer …

Haben Schnecken Zähne?

Luna aus München

Das ist eine sehr spannende Frage! Man kann sie nämlich gleichzeitig mit »Ja« und mit »Nein« beantworten. Nein, Schnecken haben kein Gebiss mit Zähnen aus Zahnschmelz, wie wir sie kennen. Sie können nicht so einfach ein Stück von der Gurke oder der Insektenbeute abbeißen.

Auf der anderen Seite: Ja, sie haben doch so etwas wie Zähne. Schnecken haben nämlich eine sogenannte »Raspelzunge«, die *Radula*. Auf ihr sitzen winzig kleine Zähnchen aus Horn – bei einer Weinbergschnecke sind das bis zu 16.000 Stück! Damit raspelt sich die Schnecke kleine Fetzen vom Salatkopf ab. Das könnt ihr euch ein bisschen so vorstellen wie eine Küchenreibe, mit der ihr zum Beispiel Parmesankäse über die Spaghetti raspelt. An der

Raspelzunge bleiben kleine Teilchen hängen, die die Schnecke dann wie ein kleiner Schaufelbagger in sich rein schaufelt und runterschluckt.

Falls bei einer Fressattacke mal ein paar Raspelzähnchen ausfallen sollten, werden gleich in der *Radulatasche* neue gebildet. Damit ist die Schnecke immer bestens vorbereitet für den Sturm aufs Gemüsebeet – natürlich im Schneckentempo. Dass die Raspelzunge gut funktioniert, weiß jeder Gärtner, der sich morgens schon mal gefragt hat, wohin denn der saftig grüne Salatkopf über Nacht verschwunden ist …

Die Schnecken, die wir aus dem Garten kennen, also Nacktschnecken und welche mit Haus, fressen sich mit Vorliebe durch die »Salatbar« im Gemüsebeet. Einige Arten wohnen aber auch im Wasser und fressen Algen, und manche ernähren sich sogar von Fleisch. Schnecken haben sich also an sehr unterschiedliche Lebensräume und unterschiedliche Speisekarten perfekt angepasst.

☞ ***Übrigens:*** Wenn ihr ganz leise seid und viel Geduld habt, könnt ihr einer Schnecke vielleicht sogar beim Raspeln zuhören! Am ehesten klappt das bei Weinbergschnecken. Die sind die größte bei uns lebende Schneckenart mit Haus, leben an Land und ernähren sich von Pflanzen. Scheint ihnen gut zu bekommen: Weinbergschnecken werden bis zu zehn Zentimeter lang und bis zu 20 Jahre alt. Allerdings nur, wenn sie vorher nicht vernascht werden, zum Beispiel von einem Igel. Oder einem Menschen. In manchen Restaurants werden Schnecken nämlich als besondere Leckerbissen serviert.

Werden Schnecken schon mit Haus geboren?

Leon aus Bachhagel

Ganz schön ungerecht: Wir Menschen haben nicht mal was anzuziehen, wenn wir geboren werden, und die Schnecken kommen gleich mit einem ganzen Haus auf die Welt! Ja, es stimmt: Die allermeisten Schneckenarten haben ein Haus. Und zwar von Anfang an. Sogar die Vorfahren unserer Nacktschnecken hatten früher eins, haben dann aber gemerkt, dass sie es nicht unbedingt brauchen und ohne Haus sogar schneller vorankommen. So haben sie sich über viele Jahre hinweg zu Nacktschnecken entwickelt.

Zurück zu den Häuslebauern: Wie wir Menschen auch, ziehen sie sich in ihr Haus zurück, wenn es ihnen draußen zu kalt oder warm ist oder wenn sie sich bedroht oder unwohl fühlen. Das Haus ist ihre Schutzburg. Die schleppen sie aber nicht leer durch die Gegend: Im Schneckenhaus sind lebenswichtige Organe untergebracht. Es schützt zum Beispiel Herz, Lunge und Magen. Die Organe liegen in einem sogenannten *Eingeweidesack* sicher versteckt, der wiederum vom *Mantel* umgeben ist. Und über dem Mantel kommt die »Hausmauer«.

Neugeborene mit eigener Wohnung

Wenn die kleinen Schnecken aus dem Ei schlüpfen, haben sie ihr Haus schon dabei. Das ist noch sehr klein und weich. Damit das Haus groß und stabil wird, braucht die

Schnecke unter anderem Kalk, genau wie wir Menschen Kalk (genauer *Calciumcarbonat*) brauchen, damit unser Skelett groß und stabil wird. Stark vereinfacht kann man sagen: Die Schnecke muss das »Baumaterial« für ihr Haus über ihr Futter aufnehmen. Wenn sie genügend der einzelnen Baustoffe frisst, kann sie daraus ein spezielles Kalkgemisch herstellen, mit dem sie ihr Haus weiterbauen kann. Das Schneckenhaus wird größer, die Schale dicker und damit immer stabiler.

Ob das Haus eher wie ein Turm aussieht oder wie ein dicker Korkenzieher, ist von Schneckenart zu Schneckenart verschieden. Schnecken, die an Land leben und ihr Haus immer dabeihaben, bauen irgendwann nicht mehr daran weiter, sonst könnten sie ihre Burg ganz einfach irgendwann nicht mehr schleppen – sie würde zu schwer. Wasserschnecken haben solche Probleme nicht. Ihr Haus schwimmt ja im Wasser. Die können, wenn sie wollen, immer weiterbauen und die wildesten Hausformen entwickeln.

☞ **Übrigens:** Manche Schnecken können die Tür zu ihrem Haus fest zumachen, wenn sie sich zurückziehen. Dann verschließen sie mit dem sogenannten *Schalendeckel* den Eingang und sind so noch besser vor Feinden, Kälte und Austrocknung geschützt.

Willis Wissen: Ja! Schnecken mit Haus haben es schon von Geburt an. Am Anfang ist es aber noch klein und weich.

Hinterlassen Schnecken eine Schleimspur, damit sie den Heimweg wiederfinden?

Oliver aus Höchst im Odenwald

Hervorragende Idee: Wie Hänsel und Gretel im Märchen eine Spur aus Brotkrumen streuen, hinterlassen Schnecken eine Schleimspur als Wegweiser nach Hause. Wie du weißt, lieber Oliver, klappt das leider nicht mal im Märchen. Außerdem müssen die meisten Schneckenarten gar nicht nach Hause finden – sie haben ihr Haus ja immer dabei. Schneckenschleim muss einen anderen Sinn haben.

Den größten Teil, den wir von Schnecken mit Haus sehen können, nennt man *Fuß*. Das ist ein großer, starker Muskel ohne Skelett. Die Unterseite des Fußes heißt – wie bei uns Menschen – *Sohle*. Auf dieser Sohle »läuft« die Schnecke. Dabei ziehen sich die einzelnen Muskelfasern zusammen und entspannen sich wieder. Der ganze Fuß bewegt sich wie eine Welle, die auf den Strand zuläuft: vom Schwanz der Schnecke zum Kopf hin. Ein Teil des Fußes nach dem anderen wird vom Boden abgehoben und immer ein kleines Stück weiter vorne wieder aufgesetzt. Gaaanz gemütlich geht's so für die Schnecke samt Haus vorwärts.

Außerdem funktioniert die Unterseite des Fußes ähnlich wie ein kleiner Saugnapf, mit dem sich die Schnecke überall ziemlich gut festhalten kann, zum Beispiel am Bein vom Gartenstuhl oder sogar auch an glatten Fensterscheiben.

Wer hat den Schleimer gesehen?

Diese glitzernde *Schleimspur*, die wir auf unseren Wegen, an Wänden oder auf Gartenmöbeln sehen, produziert die Schnecke – überwiegend aus Eiweiß – in Schleimdrüsen, die sich innerhalb der Sohle befinden. Auf dieser Schleimspur »gleitet« die Schnecke vorwärts. Sie bastelt sich sozusagen so etwas wie ihre eigene kleine Schleim-Rutschbahn. Der feine Schleimfilm ist immer schön glitschig und feucht, egal, auf welchem Boden die Schnecke gerade unterwegs ist. So kommt sie auf Straßen, Waldböden und Bäumen immer bestens voran.

Außerdem schützt die Schleimspur den Fuß vor Verletzungen, Krankheiten, kleinen Feinden und dem Austrocknen auf heißen Böden. Der Fuß einer Weinbergschnecke zum Beispiel ist durch den Schleim derma-

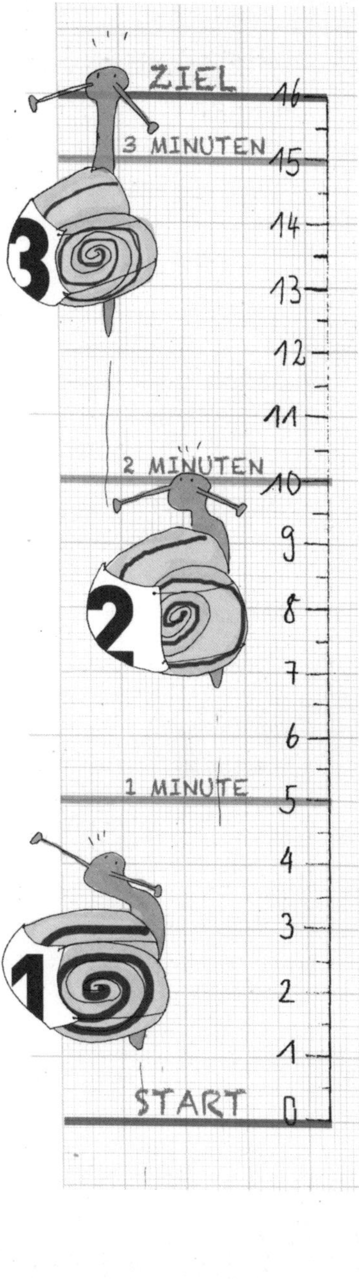

ßen gut geschützt, dass sie sogar über die scharfe Klinge eines Messers kriechen kann, ohne sich dabei zu verletzen.

Wir Menschen brauchen den Schneckenschleim natürlich nicht und finden die Spuren eklig. Für die Schnecke ist er aber lebensnotwendig. Schnecken brauchen's möglichst feucht, sie bestehen nämlich zum größten Teil aus Wasser.

☞ ***Übrigens:*** Was glaubt ihr, wie schnell eigentlich Schneckentempo ist? Ganz schön langsam!

Die schnellste Schnecke an Land und mit Haus ist bei uns die Weinbergschnecke. Sie »sprintet« in einer Stunde ungefähr drei Meter. Das sind nicht mal zwei Willilängen. Das heißt, für die Länge von einem großen Lineal mit 30 Zentimetern braucht die Schnecke volle sechs Minuten!

Aber eins ist sicher: Wenn ihr euer Haus immer überall mit hinschleppen müsstet, dann wärt ihr noch viel langsamer!

Willis Wissen: Für die Schnecke ist die Schleimspur Schutzschicht und selbstgemachte Rutschbahn in einem.

Wie viele Ameisen machen den Großen Ameisenbären satt?

Julian aus Potsdam

Der Zoo in Dortmund ist auf Ameisenbären spezialisiert. Da habe ich mal nachgefragt. Große Ameisenbären sind auf jeden Fall lustige Tierchen: Ihr Körper ist mindestens einen Meter lang, und hinten kommt noch der Schwanz dazu, noch mal bis zu einem Meter. Vorne hat der Ameisenbär seine lustige Schnauze, die ein bisschen aussieht wie ein dicker Strohhalm und ihrerseits fast einen halben Meter lang wird. Aus dieser Strohhalm-Schnauze streckt er seine Zunge raus, die auch noch einmal mehr als einen halben Meter misst. Von der Zungen- bis zur Schwanzspitze bringt's der Ameisenbär also mindestens auf drei Meter!

Dabei wird der Große Ameisenbär schwerer als ein übergewichtiger Schäferhund: bis zu 60 Kilogramm bringt er auf die Waage! Weil er auf Ameisen, Termiten und ihre Larven spezialisiert ist, kann er mit seiner schmalen Schnauze kaum etwas anderes fressen. Zähne hat er auch nicht. Mit der Schnauze dicht über dem Boden forscht er also den ganzen Tag unentwegt nach Krabbelfutter. Dafür steckt er seine klebrige Zunge gerne tief in einen Ameisenhügel oder einen Termitenbau, die er notfalls mit seinen kräftigen Krallen aufbricht. Bis zu 160-mal pro Minute kann der Ameisenbär seine Zunge rausstrecken und wieder einfahren. So schnabuliert er in kurzer Zeit richtig viele Ameisen: stolze 30.000 bis zu 35.000 Stück am Tag!

Allerdings: Der Große Ameisenbär ist schlau und räubert einen Ameisenhaufen nie komplett aus. So können sich die Ameisen erholen – und es gibt wieder genug neue, wenn er nach einiger Zeit noch einmal auf einen Snack vorbeischaut. Wählerisch ist er auch: Er mag nicht jede Ameisenart. Und sobald sich ein Ameisenvolk so sehr wehrt, dass dem Ameisenbär sein Imbiss ungemütlich wird, trabt er einfach weiter zum nächsten Ameisenhaufen, den er mit seiner langen Klebezunge plündern kann.

☞ ***Übrigens:*** Um die Ameisen dieser Welt müssen wir uns trotz hungriger Ameisenbären keine Sorgen machen: Forscher glauben, dass alle Ameisen der Erde zusammen schwerer sind als alle Menschen auf der Welt. Gegenüber auf eine Wippe gesetzt würden die Ameisen gewinnen. So viele gibt's!

Können Tiere Schluckauf kriegen?

Keiko aus Wien in Österreich

Die eindeutige Antwort: Ja, klar! Logisch: Tieren kann es genauso wie uns Menschen passieren, dass sie zu gierig sind und ihr Fressen zu schnell hinunterschlingen. Und viele Tiere haben genau wie wir ein Zwerchfell, darum kriegen auch sie einen Schluckauf.

Das kann dem Hund, der Katze oder sogar Ratten und Schlangen leicht passieren. Drum hört doch beim nächsten Mal genau hin, wenn euer Hund gerade gefressen hat. Hickst er leise vor sich hin, steht fest: Das Fiffi-Spezial-Schlemmermenü hat ihm sehr gut geschmeckt. Vielleicht sogar zu gut …

☞ ***Übrigens:*** Für Schluckauf gibt es viele Namen. (Wozu es ihn überhaupt gibt, erfahrt ihr auf Seite 172.) Ein paar Beispiele: Hicks, Hickser, Hickkopp, Higgerle, Hätscher, Schnapper, Schnappauf, Slicks. Ärzte sagen »Singultus«, was übersetzt »Schlucken«, »Schluchzen«, »Röcheln« oder »Glucksen« bedeutet. Habt ihr noch andere Ideen?

Warum gibt es eigentlich kein Katzenfutter in der Geschmacksrichtung »Maus«?

Antonia aus Berlin

In Deutschland leben ungefähr 82 Millionen Menschen und ungefähr 8,2 Millionen Katzen. Etwa jeder zehnte Deutsche hat also eine Miezekatze. Viele davon leben in mausfreien Stadtwohnungen und können sich ihre Speisekarte nicht selber mit einem Mäuschen aufpeppen. Besonders denen würde ein Katzenfutter mit Mausgeschmack sicher gefallen. Schließlich sind Katzen von Natur aus Raubtiere, und Mäuse stehen auf ihrer Speisekarte nun mal ganz oben.

Leider gibt's schlechte Nachrichten für Wohnungsmiezen: Wenn eine Katze richtig Lust auf einen Mäuse-Imbiss hat, dann muss sie sich selber auf die Pfoten machen und sich eine Maus jagen. Es gibt kein Katzenfutter »à la Maus« und wird auch nie eins geben. Katzenfutter-Hersteller sagen nämlich, dass für Katzenfutter keine Tiere extra gezüchtet und geschlachtet werden dürfen.

In Katzenfutter darf demnach nur rein, was bei Schlachtungen für die Ernährung von uns Menschen übrig bleibt. Schweine, Rinder oder Hühner werden ja extra gezüchtet, weil sie auf dem menschlichen Speisezettel ganz oben stehen. Ins Tierfutter kommen davon dann zum Beispiel die Innereien, die wir nicht so gerne essen. Wenn das Schwein oder die Kuh schon ins Schlachthaus müssen, dann soll wenigstens möglichst alles genutzt werden – manches davon eben für Tierfutter. Kuh oder Schwein haben also für uns Menschen sterben müssen, und was wir nicht mögen, kommt ins Tierfutter.

Also gibt es deshalb kein Katzenfutter mit Mausgeschmack, weil Menschen keine Mäuse essen. An so einer mini Maus wäre ja sowieso nicht besonders viel dran. Der Katze bleibt da nur die eigene und höchstpersönliche Mäusejagd.

Willis Wissen: Ins Hunde- und Katzenfutter kommt nur, was bei der Schlachtung für »Menschenfutter« übrig bleibt. Weil Menschen keine Mäuse essen, müssen sich Katzen ihre Mäuse weiterhin selber jagen.

Warum sind Hundenasen feucht?

Melanie aus Saarlouis

Lawinenhunde riechen verschüttete Menschen bis zu sieben Meter unter dem Schnee. Trainierte Hunde erschnüffeln verbotene Stoffe wie Drogen auch in den besten Verstecken und können die Fährte eines Menschen aufnehmen, nur weil sie mal kurz an seinem alten T-Shirt schnuppern durften. Sie erkennen unsere Fußspur (trotz Schuhsohle!) an unserem Fußschweißgeruch. Sie merken oder *wittern* sogar, ob es ihrem Herrchen oder Frauchen gerade gut- oder schlechtgeht. Keine Frage: Hunde riechen genial gut. Sie »sehen« ihre Welt durch die Nasenlöcher!

Manche Wauwaus haben in ihrer – oft ganz schön großen – Nase mehr als 200 Millionen Riechzellen. Wir Menschen besitzen gerade mal fünf Millionen. Je größer die Hundenase, desto besser der Geruchssinn. Außerdem kann sich ein Hund Gerüche sehr viel besser merken, weil sein »Geruchs-Hirn« – der Teil im Gehirn, der Gerüche erkennt – ungefähr zehnmal so groß ist wie unseres. Was für uns Menschen die Augen sind, ist für den Hund seine Nase. Kein Wunder, dass Fiffis besonders leiden müssen, wenn wir sie im Sommer erst vor der offenen Metzgereitüre »parken« und dann direkt neben ihrem »Riechkolben« eine ganze Tüte voll leckerer frischer Wurst nach Hause tragen.

Beim Gassigehen liest der Hund Zeitung, Schwänzchen in die Höhe, Nase dicht am Boden. Er schnüffelt

nach Neuigkeiten. Er denkt: »Aha, der Hasso von Bellheim war vor einer Viertelstunde hier.« Frauchen oder Herrchen denkt: »Igittigitt, da hat doch schon ein Hund hingepinkelt.«

Hunde leben in einer Welt der Düfte, die uns verborgen bleibt. Wenn Hunde schnüffeln, atmen sie ungefähr 300-mal pro Minute aus und ein. So kriegen die Riechzellen besonders viele Geruchspartikel ab – und dem Hund bleibt keine Nachricht verborgen. Hunde haben sogar ein besonderes Riechorgan, das bestimmte Gerüche sofort ans Gehirn weiterleitet: das sogenannte *Jacobson'sche Organ*. Es liegt im Gaumen, kann vermutlich Krankheiten »riechen« und ist entscheidend, wenn sich ein Hundemann in eine fesche Hundedame verliebt.

Hunde riechen super, das ist eindeutig. Aber warum ist die Nase nass? Spezielle Drüsen in der Nasenschleimhaut stellen sicher, dass die Nase immer ein bisschen feucht ist. So können noch mehr Geruchsteilchen aus der Atemluft herausgefiltert werden. Zusätzlich wärmt die Feuchtigkeit die Luft ein wenig an. Die Nase muss nämlich immer gut geölt sein, damit der Hund keine Geruchsnachrichten verpasst! Wenn die Nase glänzt, hat Bello also keinen Schnupfen, sondern einfach die *Witterung* aufgenommen. Wahrscheinlich kennt er das Wurstsortiment der nächsten Metzgerei schon, bevor sein »Zweibeiner« überhaupt den Laden entdeckt hat.

☞ ***Übrigens:*** Hunde hören auch viel besser als wir. Darum müssen sie ja auch unsere Häuser bewachen. Manche Rassen haben 17 verschiedene Muskeln, mit denen sie ihre Ohren wie kleine Radarschirme genau in die Richtung drehen, wo gerade was los ist. Außerdem können sie manche Geräusche ausblenden. Sie dösen unterm Tisch vor sich hin, während sich fünf Menschen lautstark unterhalten, sind aber sofort hellwach, sobald sich jemand der Haustüre nähert. Was Hunde nur nachts besser können als wir, ist sehen: Forscher gehen davon aus, dass Hunde tagsüber rot und grün nicht unterscheiden können. Im Hellen ist die Seh-Welt der Hunde also weniger bunt als unsere. Nachts sehen sie dagegen – wie Katzen auch – viel besser als wir.

Willis Wissen: Hundenasen sind feucht, damit sie alle »Nachrichten« ihrer Umwelt gut empfangen können. Hunde »sehen« die Welt durch ihre Hochleistungsnase. Die ist immer gut geschmiert, damit keine wichtige Information verlorengeht.

Woher hat die Vogelspinne ihren Namen?

Hendrik aus Greven

Es gibt Tiere, die haben ihren Namen wegen ihrem Aussehen: Das *Rotkehlchen* zum Beispiel hat eine rote Kehle, der *Hammerhai* ähnelt einem Hammer zumindest ein bisschen, und der *Clownfisch* – auch »Nemo« ist so einer – sieht ein wenig aus, als sei er lustig geschminkt. Andere Tiere heißen wie ihre Leibspeise: Das *Trüffelschwein* zum Beispiel liebt Trüffel, der *Ameisenbär* ernährt sich fast nur von Ameisen (mehr darüber erfahrt ihr auf Seite 121). Wieder andere Tiere wie das *Süßwasserkrokodil* haben ihren Namen aufgrund ihres Lebensraums – das Krokodil lebt in süßem Wasser, also in Flüssen und nicht im Meer. Genau wie der *Flusskrebs*. *Präriehunde* streifen durch die Prärie, während *Erdhörnchen* sich ihre Wohnung unter der Erde buddeln und sich *Baumhörnchen* auf das Leben in Baumkronen spezialisiert haben. Ziemlich eindeutig, würde ich sagen.

Was ist jetzt mit der *Vogelspinne* los? Sie sieht auf jeden Fall nicht wie ein Vogel aus und lebt auch nicht in oder auf Vögeln. Allerdings: In Ausnahmefällen kann eine Vogelspinne wirklich einen kleinen Vogel oder ein Vogeljunges erbeuten. Durch Zufall hat die Naturforscherin und Künstlerin Maria Sybilla Merian auf einer Reise nach Südamerika vor gut 400 Jahren genau so eine Ausnahme beobachtet: Eine große haarige Spinne saß auf einem toten Kolibri. Kolibris sind die kleinsten Vögel der Welt – die winzigsten von ihnen werden kaum größer als eine

Hummel. Maria Merian war unterwegs, um die Tier- und Pflanzenwelt Südamerikas zu erforschen, und hat diese Szene in einem Bild festgehalten. Aufgrund von ihrer Zeichnung gab später wiederum ein schwedischer Forscher namens Carl von Linné diesen großen haarigen Spinnen den lateinischen Namen *Aranea avicularia.* Das heißt ins Deutsche übersetzt nichts anderes als *Vogelspinne.*

Der Name ist also schon richtig. Es kann durchaus passieren, dass sich eine Vogelspinne einen Kolibri oder ein aus dem Nest gefallenes Vogeljunges schnappt. Hauptsächlich stehen aber Ameisen, Grillen und andere Insekten auf ihrem Speiseplan, manchmal auch Mäuse und ganz selten sogar Ratten.

☞ ***Übrigens:*** Biologen haben bisher so um die 40.000 verschiedene Spinnenarten auf der Erde entdeckt, es könnten aber weit mehr als 100.000 existieren. Davon sind die allerwenigsten so giftig, dass sie Menschen wirklich gefährlich werden können. Die giftigsten Spinnen überhaupt leben in Australien. Das ist ziemlich weit weg. Für meinen Kinofilm *Willi und die Wunder dieser Welt* bin ich ja dorthin gereist und musste mehr als 24 Stunden im Flugzeug sitzen! In Deutschland sind in freier Wildbahn keine für Menschen tödlich giftigen Spinnen dokumentiert. Gefährlich kann es nur werden, wenn der Gebissene allergisch reagiert und nicht schnell genug ein Arzt zur Stelle ist.

Keine einzige von den mehr als 800 bekannten Vogelspinnenarten kann einen gesunden Menschen mit ihrem Gift töten. Nur sehr wenige davon haben überhaupt so lange Zähne, dass sie die Haut eines Menschen durchbeißen könnten. Ein Vogelspinnenbiss ist trotzdem auf jeden Fall sehr unangenehm. Die, denen's schon passiert ist, beschreiben ihn unterschiedlich: manche als kräftigen Wespenstich, andere als vergleichbar mit dem Biss einer Katze. Respekt vor Vogelspinnen ist also auf jeden Fall angesagt!

Willis Wissen: Die Vogelspinne heißt so, weil sie in seltenen Fällen mal einen ganz kleinen Vogel frisst. Durch Zufall wurde eine Spinne dabei beobachtet, und schon hatte sie ihren Namen: Vogelspinne.

Erschrecken Spinnen, wenn ich sie anbrülle?

Olivia aus Großburgwedel

Ui, da hat wohl jemand Angst vor Spinnen ... Psst, unter uns: Ich musste mal für *Willi wills wissen* eine Vogelspinne auf meine Hand nehmen – das fand ich auch ganz schön gruselig. Obwohl ich ja weiß, dass die eigentlich nix tun. Eins ist sicher: Wenn ihr eine Spinne lauthals anschreit, erschrecken erst einmal alle anderen im Haus. Aber was hält die Spinne selbst davon? Haben Spinnen überhaupt Ohren?

Die Antwort: Nein, Spinnen können nicht hören. Für sie ist das Tasten viel wichtiger. Sie haben Tausende sehr feiner *Tasthaare* am ganzen Körper verteilt, mit denen sie die unterschiedlichsten Dinge wahrnehmen können.

Am wichtigsten sind für Spinnen Luftbewegungen, Erschütterungen und Vibrationen. Spinnen hören zwar nichts, spüren aber Bewegungen sehr genau. So merken sie zum Beispiel, wenn sich ein Beutetier in ihrem Spinnennetz verfangen hat, und sind sofort zur Stelle, wenn's was zu futtern gibt. Mit besonders feinen Haaren an den Beinen kann die Spinne sogar eine Fliege wahrnehmen, die einige Zentimeter weit entfernt vorbeifliegt und dadurch die Luft in Bewegung bringt. Auch wenn man's ihnen vielleicht nicht ansieht: Spinnen sind echte Sensibelchen.

Deshalb: Wenn ihr richtig sauer seid und die Spinne anbrüllt, dann wird sie das auf jeden Fall mitbekommen. Ihr dürft allerdings nicht erst ans andere Ende des Zimmers flüchten und sie von dort aus sicherer Entfernung anschreien. Je näher ihr dran seid, desto sicherer wird

die Spinne die Schallwellen wahrnehmen, die ihr mit eurer Stimme durch die Luft schickt. Ob euer »Donnerwetter« allerdings reicht, damit die Spinne wirklich Angst bekommt und davonläuft, müsst ihr schon selber ausprobieren.

☞ ***Übrigens:*** Weil die Spinne nichts hört – und natürlich eure bösen Schimpfwörter schon gar nicht versteht –, gibt es eine bessere Methode, eine Spinne zu verjagen: Blast sie zum Beispiel mit einem Strohhalm an oder besprüht sie vorsichtig mit einem feinen Wassernebel, etwa so, wie er aus einem Blumenzerstäuber kommt. Das erschreckt die Spinne sicher, weckt aber nicht das ganze Haus auf.

Willis Wissen: Spinnen können nichts hören, einen Luftzug und Erschütterungen aber sehr genau wahrnehmen. Wer schreit, »erschüttert« die Luft. Es ist also wahrscheinlich, dass die Spinne das mitkriegt.

Welcher Vogel hält den Höhenweltrekord?

Sabine aus Recklinghausen

Wahnsinn! Die Streifengänse halten den Höhenrekord! Stellt euch vor, die können so hoch fliegen wie die Flugzeuge, die uns Menschen in den Urlaub bringen: bis zu 9.000 Meter, also neun Kilometer hoch!

Das machen sie aber nicht, weil's ihnen Spaß macht, sondern weil sie auf dem Weg zum Überwintern oder zurück über den *Himalaya* in Asien müssen. Zweimal im Jahr überqueren sie die höchste Gebirgskette der Welt. Der »Bergkönig« des Himalaya ist der Mount Everest, der höchste Berg der Welt. Menschen, die da raufwollen, haben fast immer Sauerstoffflaschen dabei, weil die Luft so weit oben extrem dünn ist. Die einzelnen Luftteilchen schweben so weit auseinander, dass zum Beispiel ein normaler Hubschrauber in diese Höhe längst nicht mehr fliegen kann, weil er nicht genug Auftrieb bekommt. Außerdem kann's dort oben kälter als minus 50 Grad Celsius werden.

Die Streifengänse haben sich also nicht gerade einen gemütlichen Weg in den Winterurlaub ausgesucht. Trotzdem sind sie gut vorbereitet: Ihr Blut ist darauf spezialisiert, den wenigen Sauerstoff extrem gut und schnell zu den Muskeln zu transportieren. Und ein besonders dickes Federkleid schützt sie vor dem miesen Wetter. Aber: Auch wenn sich die Streifengänse an diese Herausforderung bestens angepasst haben, schaffen das anstrengende Höhenabenteuer über den Himalaya nur die Tiere, die wirklich topfit sind.

Willis Wissen: Bis auf 9.000 Meter – so hoch in die Luft traut sich kein anderer Vogel! Streifengänse sind die absoluten Höhenflug-Weltmeister.

Warum passiert Vögeln nix, wenn sie oben auf der Stromleitung sitzen?

Markus aus Au im Bregenzerwald in Österreich

Das kennt ihr: Vögel suchen sich gern hohe Aussichtspunkte. Sie sitzen zum Beispiel auf Kirchturmspitzen oder Straßenlaternen. Da haben sie alles bestens im Blick. Besonders gut ist die Aussicht natürlich von den riesigen Hochspannungsmasten, die außerhalb von großen Städten Strom von einem Ort zum nächsten bringen und mitten in der freien Landschaft stehen – die höchsten dieser Masten sind höher als 100 Meter. Aber auch lebensgefährlich: Die Leitungen können eine Spannung von bis zu 400.000 Volt haben, deshalb hört man's in der Nähe von diesen Masten oft auch surren und britzeln. Brrrr, gruselig! Zum Vergleich: Aus unseren Steckdosen zu Hause kommen »gerade mal« 230 Volt – und die sind schon für einen Menschen gefährlich und für einen Vogel locker tödlich.

Wie also können Vögel entspannt auf einer Stromleitung sitzen, die so viel »spannender« ist als die Steckdose? Die Antwort: Stromteilchen sind im Oberstress! In den dicken Kabeln rasen die *Elektronen*, also die elektrisch geladenen Stromteilchen, schnurstracks auf dem schnellsten Weg zu ihrem Ziel. Stellt euch das vor wie auf der Autobahn: Sie fahren mit hoher Geschwindigkeit. Plötzlich abzubiegen und durch den Körper des Vogels zu fließen wäre wie ein Umweg über einen Feldweg. Das würde nur Zeit kosten und keinen Sinn machen – die

Elektronen wollen schließlich möglichst schnell vorwärtskommen. Also kriegt der Vogel keine Teilchen ab.

Das ändert sich aber schlagartig, sobald der Vogel auch noch ein zweites Kabel oder den Strommast berührt, der auf der Erde steht. Die Elektronen suchen nämlich immer den schnellsten und einfachsten Weg zur Erde, also den mit dem wenigsten *Widerstand*. Ein Vogel, der zwei Kabel gleichzeitig berührt, stellt daher eine willkommene Abkürzung her. Und das finden die Teilchen sofort interessant. Sie biegen ab, benutzen einen falschen Weg und kommen nicht in der Steckdose an. Die vielen Elektronen, die dabei durch den Vogel fließen, grillen ihn. Das nennt man *Kurzschluss*.

Dass ein Vogel aus Versehen eine zweite Stromleitung oder den Mast berührt, kommt leider gar nicht so selten vor. Denkt nur an größere Vögel wie Störche mit ihren langen Flügeln, oder wenn Vögel nachts oder bei Wind unterwegs sind oder Stroh zum Nestbau im Schnabel haben.

Die meisten Vögel fühlen sich auf den Hochspannungsleitungen gar nicht wohl. Sie spüren die Spannung, obwohl der Strom nicht durch sie durchfließt – genau wie wir den Strom sogar von unten knistern hören. Deshalb setzen sie sich lieber auf die Leitung, die bei großen Strommasten ganz oben verläuft. Das ist der Blitzableiter, da ist keine Spannung drauf. Bleibt nur zu hoffen, dass kein Blitz einschlägt …

Willis Wissen – stromlinienförmig erklärt: Vögel können auf Hochspannungsleitungen rasten, wenn sie dabei wirklich nur eine der Leitungen berühren.

Willis MENSCHLICHES Wissen

»Heißt du wirklich Willi, Willi?«
»Hat jeder Mensch ein gleich großes Gehirn?«
»Warum verliebt man sich?«

Heißt du wirklich Willi, Willi?

Lothar aus Zapfendorf

Ja logisch, natürlich, selbstverständlich, klarwiekloßbrühe heißt der Willi Willi! Du heißt doch auch wirklich Lothar, oder Lothar? Siehst du, dachte ich's mir doch! Genau wie du und alle anderen verdanke ich meinen Namen meinen Eltern. Und die haben bei den Vornamen auch ganz und gar nicht gespart. Komplett und in voller Länge heiße ich nämlich Helmar Rudolf Willi Weitzel.

Helmar hat meinen Eltern gut gefallen, Rudolf heiße ich, weil mein Opa Rudolf auch Rudolf heißt. Ja, und Willi heiße ich, weil mein Patenonkel Willi so heißt. Und warum ich einen Nachnamen habe, der Weitzel heißt, und was Weitzel früher mal bedeutet hat, steht auf Seite 44.

Warum heißt der Muskelkater »Muskelkater« und nicht »Muskelkatze«?

Mieke aus Goslar

Ist doch klar: Der Muskelkater ist ein starker, furchtloser Katzenmann, der in unseren Armen und Beinen sitzt und tapfer auch noch so große Schmerzen bekämpft, wenn wir uns wieder mal richtig angestrengt haben. Wenn er kommt und seine Krallen ausfährt, müssen die Schmerzen gehen …

Nein, diese Erklärung ist natürlich totaler Quatsch! Der Ausdruck »Muskelkater« hat gar nichts mit männlichen oder weiblichen Miezekatzen zu tun. Der »Kater« kommt in diesem Fall von dem alten Wort »Katarrh«. Das wird in unserer Alltagssprache heute nur noch selten und wenn, dann für einen Schnupfen oder eine Erkältung benutzt. Aus dem ehemaligen »Muskelkatarrh« hat sich mit der Zeit der »Muskelkater« entwickelt.

Und der kommt so zustande: Durch ungewohnte Anstrengung kann sich ein Muskel zwar nicht erkälten, er kann sich aber verletzen. Im Muskel entstehen mikroskopisch kleine Risse, in die Wasser laufen kann. Dadurch wird der Muskel gedehnt, und diese Dehnung empfinden wir als schmerzhaften Muskelkater. Der Kater bleibt meistens ein paar Tage und verkrümelt sich danach ganz von selbst wieder.

☞ ***Übrigens:*** Damit gar nicht erst ein Muskelkater auf leisen Pfoten angeschlichen kommt, wirkt nur regelmäßiges Training. Wenn er erst mal da ist, hilft Warten – und vielleicht Sauerkirschsaft. Angeblich soll der die »Entzündung« hemmen und den Kater schneller wieder verjagen. Miau!

Leben mehr Frauen auf der Welt oder mehr Männer?

Wendy aus Essen

Am Ende des Jahres 2009 lebten ungefähr 6,81 Milliarden Menschen auf der Welt, also rund 6.810.000.000 Leute. Diese Zahl ist geschätzt, weil ja ständig irgendwo auf der Welt Babys geboren werden und leider auch ständig Menschen sterben. Statistiker sagen, die *Weltbevölkerung*, also alle Menschen auf der Erde zusammen, ist im Jahr 2009 um 82,8 Millionen Personen gewachsen. Das heißt, es wurden fast 83 Millionen Menschen mehr geboren, als sterben mussten. Das sind ziemlich genau so viele Leute, wie in ganz Deutschland leben! Ein Jahr hat 525.600 Minuten, also kann man ausrechnen, dass 2009 im Durchschnitt auf der ganzen Welt in jeder Minute 158 Menschen dazukamen. Wenn das so weitergeht, könnten sich bis zum Jahr 2050 mehr als neun Milliarden Menschen auf der Erde tummeln. Aber genau voraussagen kann das natürlich niemand.

Heute, beziehungsweise bei der letzten Berechnung 2009, wohnten die allermeisten Menschen in China: 1,3 Milliarden. Nur knapp dahinter kam Indien mit 1,2 Milliarden Einwohnern. Der ganze afrikanische Kontinent zusammengerechnet kratzte an der Eine-Milliarde-Einwohner-Marke. In Europa lebten immerhin 740 Millionen Menschen. Und innerhalb von Europa wiederum sind die Deutschen mit etwa 82 Millionen Menschen eines der größten Völker. Aber: Kein Vergleich zu China oder Indien.

Meine Damen, meine Herren: Wer hat die Nase vorn?

Tattarattataaa: Es sind die Männer! Das liegt vor allem daran, dass mehr Jungs geboren werden. Im Durchschnitt kommen auf 100 neugeborene Mädchen 101,5 Baby-Buben. Das sind eigentlich nicht viel mehr Jungs als Mädchen, auf die ganze Erde gerechnet kommt aber doch was zusammen. Besonders in Afrika werden der Statistik nach viele Kinder geboren, pro Mama vier bis fünf. In Deutschland und Europa sind es dagegen nur ein bis zwei Kinder. Und je mehr Babys geboren werden, desto mehr Jungs kommen eben auf die Welt. Aber keine Angst, Mädels! Was Männlein und Weiblein angeht, läuft's sehr gerecht ab auf der Erde: Ihr Frauen lebt nämlich im Durchschnitt länger als wir Männer.

Willis Weisheiten: Es leben ein paar mehr Männer als Frauen auf der Welt. Insgesamt tummeln sich fast sieben Milliarden Menschen auf unserem Planeten, 82 Millionen davon sind Deutsche, die meisten anderen Chinesen oder Inder.

Wozu haben wir Nachnamen?

Martin aus Reisberg in Österreich

Hallo Willi, ich bin der Willi. Wenn du den Willi wieder mal triffst, dann richte ihm doch bitte einen schönen Gruß vom Willi aus und sag ihm, dass der Willi mit dem Willi morgen in Wilhelmshaven einen Wildschweinbraten essen gehen will!

Moment mal: Wer will(i) hier mit wem was machen? Ganz schön verwirrend. Aber früher war es wirklich üblich, dass sich alle nur mit ihrem Vornamen angesprochen haben. »Früher« heißt in diesem Fall: bis vor ungefähr 1000 Jahren. Seither wurde die Zahl der Menschen, die in den Dörfern und Städten zusammenwohnen, ziemlich schnell immer größer. Und mit den Städten wuchs auch das Vornamen-Chaos. Um in dem ganzen Namen-Kuddelmuddel wieder den Durchblick zu kriegen, wurden die Nachnamen erfunden.

Wie bekam man einen tollen Nachnamen?

Bei der Namensvergabe boten sich verschiedene Möglichkeiten: eine war die Familie, also der Vorname von Vater oder Mutter. Wenn einer der Willis aus unserem Beispiel der Sohn von einem Eberhart war, also Eberharts Sohn, dann hießen er, seine Frau und seine Kinder ab sofort: Willi Eberharts. Der neue Nachname wurde in der Familie weitervererbt und heißt deshalb auch *Familienname*.

Ebenfalls weitverbreitet war der Wohnort zur Unterscheidung der Menschen: Kam ein Willi zum Beispiel aus Berlin, hieß er einfach Willi Berlin. Ein anderer aus Bayern wurde dann »Willi der Bayer« genannt oder einfach Willi Bayer. Willi Berger war demnach der Willi, der oben auf dem Berg wohnte.

Sogar Eigenschaften und Äußerlichkeiten wurden zu Nachnamen gemacht. Den größten Mann der Welt aus

Willi wills wissen hätte man früher wahrscheinlich »Herr Riese« gerufen, jemanden mit sehr guten Augen »Herr Adlerauge« und jemanden, der sehr gut aussieht, vielleicht »Frau Wunderschön« oder »Frau Herrlich«. Ein besonders furchtloser Ritter konnte zu »Willi Tapfer« ernannt werden. Und der »Herr Dickbauch« ... – na, ihr wisst schon ...

Besonders wichtig für die Entstehung unserer Nachnamen waren aber auch die Berufe. Der einzige Schmied im Ort hieß natürlich: Willi Schmied; der Metzger: Willi Metzger; der Fischer: Willi Fischer. Meinen Beruf gab es vor 1000 Jahren zwar noch nicht, aber ein schöner Name wäre auch gewesen: Willi Reporter. Durch verschiedene Dialekte, Schreibfehler und weil mehrere Leute immer öfter auch den gleichen Beruf und damit möglicherweise den gleichen Nachnamen hatten, veränderten sich die Familiennamen mit der Zeit. Es gab zum Beispiel bald nicht mehr nur »Herrn Schmied« und »Herrn Bäcker«, sondern auch die Herren Becker, Schmid, Bekker, Schmidt, Pferdeschmidt und Hufschmied.

Über die Jahre wuchs die Zahl der Bewohner aber immer weiter und mit ihr natürlich auch die Anzahl der Nachnamen. Heute ist es manchmal gar nicht mehr so leicht zu erkennen, woraus sich der eigene Nachname entwickelt haben könnte. Wir heißen eben, wie wir heißen. Spezialisten können das aber herausfinden. »Willi Weitzel«, also mein Nachname Weitzel, hat sich aus dem Namen »Wiegand« entwickelt, und das ist – alle Mann in Deckung! – ein alter Begriff für »Kämpfer«.

☞ ***Übrigens:*** Der häufigste Nachname in Deutschland ist »Müller«. Früher gab es nämlich in fast jedem Dorf eine Mühle, um die sich der (Herr) Müller kümmerte. Deshalb heißt heute noch fast jeder zehnte Deutsche so. Als der am weitesten verbreitete Nachname der Welt gilt »Chang«. Die meisten Changs leben in China.

Willis Wissen: Auch wenn man nicht immer leicht draufkommt, was sie eigentlich bedeuten: Nachnamen sind eine super Erfindung, die Klarheit bringt. Das zeigt auch unser Beispiel vom Anfang:

Hallo Willi Eberharts, ich bin der Willi Fischer. Wenn du den Willi Dickbauch wieder mal triffst, dann richte ihm doch bitte einen schönen Gruß vom Willi Kämpfer aus und sag ihm, dass der Willi Berger mit dem Willi Tapfer morgen in Wilhelmshaven einen Wildschweinbraten essen gehen will!

Alles klar? Gute Frage!

Warum ist man entweder Junge oder Mädchen?

Annika und Christina aus Bad Berneck

Es hängt ab vom X und vom Y! Jeder Mensch besteht aus unzähligen kleinen Bausteinen, den *Zellen*. Aus einer einzigen *Ei*-Zelle wird durch viele komplizierte Teilungen und Verdopplungen langsam ein Mensch. Jede Zelle hat den Bauplan für »ihren« Menschen dabei, die sogenannte *Desoxyribonukleinsäure* – abgekürzt auch DNS oder DNA (das »A« kommt von »acid«, dem englischen Wort für Säure). Die DNA und mit ihr alle wichtigen Informationen über diesen Menschen sind in den sogenannten *Chromosomen* gespeichert. Jede Zelle beinhaltet 22 verschiedene Chromosomen, die's zur Sicherheit doppelt gibt: insgesamt also 44 Chromosomen. Dazu kommen noch zwei *Geschlechtschromosomen*. Die heißen so, weil sie das Geschlecht festlegen, also ob der Mensch männlich oder weiblich ist. Männer haben ein X- und ein Y-Chromosom, Frauen zwei X. Steht also XX im Bauplan, wächst aus einer befruchteten Eizelle durch viele Teilungen und Verdopplungen langsam ein Mädchen heran. Aus dem Geschlechtschromosomen-Kürzel XY wird ein Junge.

Ein neuer Mensch entsteht, wenn sich die Samenzelle vom Papa mit der Eizelle im Körper der Mama vereint. Vater und Mutter steuern jeweils die Hälfte bei: Aus dem Puzzle von zwei halben Bauplänen wird ein ganzer neuer. Erst wenn die Eizelle der Mutter und die Samenzelle des Vaters jeweils ihre Hälfte beigetragen haben, kann aus der Mischung der Chromosomen – man sagt auch *Erbinformationen* – das neue Baby entstehen.

Damit Mamas Eizelle überhaupt Platz hat für Papas Hälfte vom Bauplan, wird in der Eizelle vorher die Anzahl der Chromosomen halbiert. Statt normal 44 Chromosomen plus XX hat die Eizelle nur noch 22 plus X. Das Gleiche gilt für die Samenzelle des Mannes: Statt 44 plus XY, hat eine Samenzelle entweder 22 plus X oder 22 plus Y. Wenn der Vater nun seinen Samen losschickt, machen sich Millionen von Samenzellen (die *Spermien*) auf die Suche nach einer Eizelle im Körper der Mutter. Es beginnt ein wildes Wettrennen. Nur wer zuerst ankommt, darf sich mit der Eizelle vereinen. Für mehr halbe Baupläne wäre kein Platz in der Eizelle.

Die entscheidende Frage ist: Macht ein X- oder ein Y-Spermium das Rennen? Darf sich ein X-Chromosom mit dem X der Mama-Eizelle vereinen, wird das Baby ein Mädchen (XX). Kommt ein Y-Spermium zuerst ins Ziel, entsteht der komplette Bauplan eines Jungen (XY). Spätestens bei der Geburt wissen die Eltern mit Sicherheit, was sie gemeinsam »gebastelt« haben. Wie genau der Papa Mamas Eizelle überhaupt befruchten kann, damit daraus ein neues Baby entsteht, könnt ihr auf Seite 186 lesen.

Egal ob Junge oder Mädchen: Ist das Baby erst mal auf der Welt, nuckelt es an der Brust der Mama und wird dank Muttermilch schnell größer und stärker. Da schließt sich die nächste gute Frage an:

Warum haben Männer Brustwarzen?

Wenn die Frau schwanger ist, stellen Milchdrüsen in ihrer Brust Muttermilch her. Die Brustwarze ist sozusagen der »Zapfhahn«, aus dem das Baby trinkt. Die Mutter *stillt* das Baby. Klar: Wenn es satt ist, muss es nicht mehr schreien und ist still.

Männerbrüste haben keine Milchdrüsen, und Väter geben keine Milch. Dass trotzdem auch Männer Brustwarzen haben, ist kein dummer Fehler der Natur, sondern liegt an der Entwicklung von der ersten Zelle bis zum fertigen Baby.

Die ersten drei Monate wachsen kleine Mädchen und kleine Jungs im Bauch der Mutter nämlich völlig gleich: Arme, Beine, Brustwarzen – alles gleich. Erst ab dem dritten Monat greifen die *Geschlechtshormone* ein und basteln an dem, was im Bauplan der Zelle unter XX oder XY vermerkt ist: Jungs bekommen Penis und Hoden, Mädchen Scheide, Eierstöcke und Milchdrüsen. Spätestens dann ist klar: Brustwarzen für Jungs haben keinen echten Sinn. Aber ganz ohne würde es ja auch komisch ausschauen, oder?

Haben Zwillinge den gleichen Fingerabdruck?

Lucie aus Sontra

Wahrscheinlich meinst du *eineiige* Zwillinge, also die, die sich auf den ersten Blick zum Verwechseln ähnlich sehen. Die Antwort ist eindeutig: Nein, eineiige Zwillinge haben niemals den gleichen Fingerabdruck. Jeden Fingerabdruck auf der Welt gibt es nur ein einziges Mal. Der Abdruck entsteht durch ein einzigartiges Muster aus Rillen und Linien in der Haut, den *Papillarleisten*, und bleibt ein Leben lang gleich. Er bildet sich auch exakt genauso wieder, wenn man sich mal die Haut am Finger abgeschürft hat. Der Fingerabdruck jedes Menschen – auch der jedes eineiigen Zwillings – ist einmalig und nicht kaputtzukriegen.

Wenn die Polizei also wissen will, wer von den Zwillingen die Bank überfallen hat, dann findet sie mit einem Fingerabdruck eindeutig den Täter. So ähnlich sich Zwillinge auf den ersten und vielleicht auch noch auf den zweiten Blick sein mögen, jeder ist trotzdem ein eigener und eigenständiger Mensch – mit eigenem Fingerabdruck!

So gleich und doch so anders

Wenn sich die Samenzelle des Vaters und die Eizelle der Mutter vereinigen, geben beide Elternteile dem Kind, das sich aus der Eizelle entwickelt, bestimmte Informationen mit, das *Erbgut*. Dieser Bauplan für den neuen Menschen ist in jeder Zelle gespeichert (mehr dazu erfahrt ihr auf Seite 146). Bei *eineiigen* Zwillingen ist er absolut gleich – klar, schließlich haben sie sich aus ein und derselben Eizelle entwickelt. Eineiige Zwillinge sind sich daher sehr ähnlich, ähnlicher als »normale« Geschwister. Es ist deshalb sehr wahrscheinlich, dass sie gleiche Ohrläppchen, Augenfarben, Haarfarben und Zahnstellungen haben. Aber es kann eben auch Unterschiede geben.

Ob und wie der Bauplan später im Einzelnen ausgeführt wird, hängt von verschiedenen anderen Dingen ab. Von der *Umwelt*, sagen die Zwillingsforscher und meinen damit zum Beispiel den Einfluss von Eltern, Freunden, Verwandten oder wie und wo die Zwillinge aufwachsen, wen sie treffen, ob sie gemeinsam groß werden, was sie zu essen bekommen oder welche Krankheiten sie kriegen.

Das geht schon vor der Geburt los: Es kann zum Beispiel sein, dass einer der Zwillinge in Mamas Bauch mehr zu essen bekommt als der andere, sagte mir Zwillingsforscherin Dr. Meike Watzlawik von der Technischen Universität Braunschweig. Der eine wächst dadurch vielleicht ein bisschen schneller, wird größer, bekommt etwas größere Füße, vielleicht einen größeren Kopf. Kann sein, muss aber nicht.

Sehr oft haben Zwillinge ähnliche Interessen, Vorlieben und Talente. Sicher ist aber auch das nicht. Manche Zwillingspärchen suchen sich gerade mit Absicht verschiedene Hobbys aus: Einer spielt beispielsweise Fußball, obwohl er vielleicht lieber genau wie sein Bruder oder seine Schwester Tennis gelernt hätte. Er will aber nicht alles gleich machen wie der andere, sondern extra andere Sachen, damit er als eigener Mensch wahrgenommen und nicht ständig mit seinem Zwilling verglichen wird. Andere Zwillingspaare sind wiederum gerade stolz auf ihre Ähnlichkeit und machen sie zu ihrem Markenzeichen: Sie ziehen sich absichtlich gleich an, tragen bewusst immer die gleiche Frisur – und machen sich manchmal vielleicht sogar einen Spaß daraus, andere zu verwirren: Wer ist denn nun wer?

Manchmal tritt bei eineiigen Zwillingen auch das sogenannte *Spiegelphänomen* auf. Das bedeutet, dass zum Beispiel der eine Zwilling ein Muttermal auf der linken Wange hat, der andere an der gleichen Stelle auf der rechten Wange. Oder bei einem kräuselt sich ein Haarwirbel links auf dem Kopf, beim anderen rechts. Vielleicht hat einer auch rechts einen schiefen Backenzahn, und beim anderen sitzt das krumme Ding links im Mund. Zwillinge sind eine verrückte Laune der Natur. Manche verstehen sich super, andere können sich nicht ausstehen. Viele Zwillingspaare wachsen ihr Leben lang in gewisser Weise mit ihrem eigenen Spiegelbild auf. Der andere ist immer da, sieht ähnlich aus und kann die gleichen Dinge wahrscheinlich ähnlich gut. Da ist immer harte Konkurrenz im Haus!

☞ ***Übrigens:*** Von 1.000 neugeborenen Kindern in Deutschland sind ungefähr 32 Zwillinge. Drillinge kommen sehr viel seltener vor: nur einmal bei 1.000 Geburten.

Willis Wissen: Zwillinge haben zwar den gleichen genetischen Bauplan, aber trotzdem auf jeden Fall unterschiedliche Fingerabdrücke. Wie sie aussehen, was sie mögen und besonders gut können, ist sehr wahrscheinlich ähnlich, muss aber nicht. Jeder ist ein absolut eigener Mensch, der von seinen eigenen Erfahrungen, Erlebnissen, Begegnungen und anderen äußeren Einflüssen geprägt und geformt wird – wie alle Nicht-Zwillinge auf der Erde auch.

Warum kriegt man keine Gänsehaut im Gesicht?

Lars aus Schwetzingen

Brrr! Im Winter kriegt man oft mal eine Gänsehaut. Oder wenn einen jemand plötzlich mit einer kalten Hand berührt. Brrr! Das kann sogar im Gesicht passieren! Aber erst einmal schauen wir uns an, was es mit der Gänsehaut eigentlich auf sich hat.

Erste Frage: Warum heißt die Gänsehaut überhaupt *Gänsehaut*? Kein Problem: Die Hubbel und Knubbel auf der Haut sehen genauso aus wie die Haut von einer Gans, die keine Federn mehr hat. Ein Mensch mit Gänsehaut sieht also aus wie eine gerupfte Gans. Gans einfach!

Zweitens: Was ist eine Gänsehaut? Wenn ihr genau hinschaut, entdeckt ihr fast in jedem Hubbel der Gänsehaut ein Haar. Dort, wo die Haare in der Haut stecken, sitzt der *Haaraufstellermuskel* oder *Haarbalgmuskel*. Wenn wir eine

Gänsehaut bekommen, zieht er sich zusammen und stellt das Haar auf.

Drittens: Wofür gibt es eine Gänsehaut? Das können wir heute nicht mehr so recht nachforschen. Wahrscheinlich stammt sie aus einer Zeit, in der die Menschen noch sehr viel mehr Haare am Körper hatten und ohne Kleidung durch die Gegend liefen. Wir stammen ja vom Affen ab, deshalb hatten unsere Vorfahren fast genauso ein dichtes Fell wie Affen. Wenn sie eine Gänsehaut bekamen, stellten sich ihre Haare auf. Dadurch konnte sich zwischen Haut und Haaren ein kleines Luftpolster bilden, das den Körper isolierte. So ging die Körperwärme weniger schnell verloren. Der Ur-Mensch mit Gänsehaut hatte also eine eingebaute »Hauthaar-Jacke«.

Vom ehemaligen Affenfell ist uns Menschen heute nicht mehr viel übriggeblieben. Statt uns auf die Hautheizung zu verlassen, müssen wir uns einen Pulli oder eine dicke (Gänse-)Daunenjacke anziehen,

damit unsere Körperwärme nicht verlorengeht. Aber immerhin zeigt uns die Gänsehaut an: *Brrr, kalt! Geh und zieh dir lieber was an!*

Eine Gänsehaut bekommen wir nicht nur bei Kälte. Auch wenn wir Angst haben oder uns bedroht fühlen, stellen sich die Haare auf. Diese Angsthasen-Gänsehaut haben wir wahrscheinlich ebenfalls von unseren Vorfahren geerbt. Sie war vermutlich ein Zeichen für höchste Alarmstufe und hatte einen klaren Vorteil: Durch die aufgestellten Haare sahen die Ur-Menschen größer und bedrohlicher aus. Die Gänsehaut war das Signal an Feinde: *Komm ruhig her, ich bin vorbereitet!* Ganz so, wie wir es heute noch bei Katzen beobachten können, die einem neugierigen Hund gegenüberstehen. Sie machen einen Katzenbuckel, und ihre Haare sträuben sich in alle Richtungen. Dadurch schauen sie größer und gefährlicher aus, als sie wirklich sind. Die »Ich bin viel größer, als du denkst«-Gänsehaut funktioniert bei uns Menschen aber leider nicht mehr. Mit unseren wenigen dünnen Härchen können wir selbst mit der schönsten Gänsehaut niemanden in die Flucht schlagen.

Was ist jetzt mit dem Gänsehautgesicht?

Stimmt, da fehlt ja noch etwas. »Es gibt Gänsehaut im Gesicht!«, sagt Dr. Michael Flaig, Hautarzt an der Münchner Uniklinik. Die Gesichtshaut hat alles, was sie für eine ordentliche Gänsehaut braucht, genau wie die Haut an den Armen oder im Nacken. Allerdings bekommen nicht so viele Menschen wirklich eine Gänsehaut im Gesicht.

Das liegt wahrscheinlich daran, sagt Dr. Flaig, dass die Haut im Gesicht ja immer »draußen« ist, also auch ständig zum Beispiel der Kälte ausgesetzt. Sie ist einfach viel mehr gewöhnt. Dazu kommt, dass die Haut im Gesicht sehr gut durchblutet ist – schließlich müssen die vielen Muskeln, mit denen wir reden, lachen und Grimassen schneiden, immer gut versorgt werden.

Willis Wissen: Gänsehaut war früher gut gegen Kälte und als Drohung gegen Feinde. Heute ist sie nur noch ein Alarmzeichen bei Kälte und Angst. Das funktioniert auch im Gesicht: Selbst da können wir eine Gänsehaut kriegen. Allerdings nicht so oft.

Gans schön gut, die Frage!

Weshalb bekommt man vom Baden manchmal Schrumpelfinger?

Hanna aus Gifhorn

Das kennt wohl jeder: Wenn wir aus der Badewanne oder dem Schwimmbad kommen, schaut die Haut an den Händen oder den Fußsohlen aus wie eine Rosine: wellig und schrumpelig.

Die Haut ist das größte und wichtigste Organ des Menschen. Über sie können wir tasten und fühlen. Wir merken, dass die Klinge eines Messers scharf ist oder das Badewasser heiß. Und sie ist unsere Klimaanlage: Über die Haut schwitzen wir, um uns abzukühlen. Vor allem aber schützt sie unseren Körper vor Bakterien und Verletzungen.

Wie ein Hochhaus ist unsere Haut aus verschiedenen übereinanderliegenden Schichten aufgebaut: Ganz unten, in der *Unterhaut*, »wohnen« hornbildende Zellen, die sogenannten *Keratinozyten*. Diebasteln ständig neue Hornzellen, die durch die zweite Schicht, die *Lederhaut*, langsam nach oben wandern, bis sie in der äußersten Schicht, der *Oberhaut*, angekommen sind. Dabei werden die Hornzellen immer kleiner und verbinden sich immer fester mit ihren Nachbarn. Wenn die Zellen ganz oben, an der Hautoberfläche angekommen sind, leben sie zwar nicht mehr, haben aber eine sehr gute Schutzschicht gebildet – so etwas wie einen weichen Panzer, den man *Hornhaut* nennt. Die gibt's überall. Am dicksten ist sie da, wo sie am meisten zu schützen hat: an Händen und Fußsohlen.

Überall am ganzen Körper befinden sich in der Haut kleine *Talgdrüsen*. Die produzieren einen leichten Schutzfilm aus einem Fettgemisch, der unter anderem verhindert, dass Wasser in die Haut eindringt. Talgdrüsen haben wir aber nur, wo auch Haare sind. Das heißt: An Handflächen und Fußsohlen fehlt uns dieses Hautschutzmittel.

In der Badewanne saugt sich genau deshalb die Hornschicht mit Wasser voll und wird dadurch dicker. Die äußerste Hautschicht ist aber fest mit der Hautschicht darunter verbunden. Wenn also die äußerste Schicht durch das Wasser größer wird, hat sie nur eine Chance sich auszudehnen: nach außen. Dabei wirft sie Falten. Wir sagen, sie *schrumpelt*.

☞ ***Übrigens:*** Schrumpelfinger und Schrumpelzehen sind ganz normal und verschwinden nach dem Baden ganz von alleine, wenn die Hornschicht wieder trocknet. Gut ist es aber, sich nach dem Baden einzucremen, damit die Haut schnell ihre natürliche Fettschicht zurückbekommt. Die Haut schrumpelt viel später oder gar nicht, wenn ihr vor dem Baden eine künstliche Fettschicht auftragt. Zum Beispiel könnt ihr zum Spaß vor der nächsten Planscherei eure Hände und Füße mit Olivenöl einreiben.

Willis Wissen: Die Haut schrumpelt, weil Wasser in die Hornschicht eindringt und die Haut quellen lässt. An den meisten Körperstellen verhindert das ein Schutzfilm aus Talg. An den Fußsohlen und Handflächen haben wir aber keine Talgdrüsen, deswegen gibt's schnell Schrumpelfinger und Schrumpelzehen.

Wieso sind unsere Finger alle unterschiedlich lang?

Michaela aus Norddorf auf Amrum

Die Finger an der Hand sind alle unterschiedlich lang, weil sie nur so zum perfekten Werkzeug werden: Wir können freundlich winken oder eine drohende Faust machen, wir können mit einem Kugelschreiber schreiben, Gitarrensaiten zupfen, einen Ball werfen oder an einem Seil hochklettern. All das wäre mit gleich langen Fingern überhaupt nicht möglich. Kein anderes Tier auf der

Welt kann seine Vorderpfoten so vielseitig einsetzen wie wir Menschen. Grund dafür: die unterschiedlich langen Finger!

Dr. Holger Erne vom Zentrum für Handchirurgie der Klinik in München-Harlaching hat es mir so erklärt: Unsere Hände haben sich über Tausende von Jahren aus der Brustflosse der Urfische entwickelt. Die ersten Wirbeltiere, die eine »Greif-Hand« hatten, nutzten sie vor allem zum Klettern. Der entscheidende Fortschritt war der aufrechte Gang, also der auf zwei Beinen. Dadurch konnten unsere Vorfahren die Vorderbeine plötzlich für andere Dinge benutzen als zum Laufen, Kämpfen und Kraxeln. Die Menschenaffen oder *Primaten* begannen, ihre Umwelt nach und nach buchstäblich mit den Händen zu be*greifen*. Dadurch wurde auch das Gehirn immer leistungsfähiger. Aus dem reinen *Kraftgriff* zum Klettern und Kämpfen entwickelte sich über Jahrtausende unser heutiger *Präzisionsgriff*.

Die entscheidende Rolle dafür spielt der Daumen. Er ist *opponierbar*, das heißt, er kann jedem anderen Finger gegenübergestellt werden. Einfaches Beispiel: Ihr wollt einen Stift greifen. Dann nehmt ihr ihn zwischen Daumen und Zeigefinger in den sogenannten *Schreibgriff*. Damit sind sehr genaue Arbeiten wie eben das Schreiben möglich. Schreiben ohne Daumen? – Keine Chance! Trotzdem kann die Hand immer noch richtig zupacken: Wenn ihr eure Finger leicht anwinkelt – so als ob ihr einen Besenstiel greifen wolltet –, dann seht ihr, dass die Fingernägel ungefähr auf gleicher Höhe sind: Perfekt zum Zupacken!

Unsere Hand hat 29 Knochen und 19 eigene Handmuskeln, neun davon steuern allein den Daumen. Aber auch die anderen Finger haben eindeutige Aufgaben: Der kleine Finger ist fürs kräftige Klammern wichtig, Daumen, Zeige- und Mittelfinger haben besonders viele Nerven, mit denen sie sehr fein tasten können. Dafür sind die sogenannten *Fingerbeeren* an den Spitzen zuständig.

Dass unsere Hände so vielseitig einsetzbar sind, unterscheidet uns ganz deutlich von den meisten Tierarten, die mit ihren Krallen, Klauen, Pfoten oder Tatzen nicht viel mehr machen können als laufen, klettern, kämpfen oder fressen. Darauf sind ihre Vorderfüße ausgerichtet. Wenn ein Bär so einen Superdaumen hätte wie wir, würde der ihn beim Laufen auf allen Vieren total behindern.

Die Einzigen, die noch halbwegs mit uns mithalten können, sind die Menschenaffen. Deren Hände sind unseren sehr ähnlich. Auch sie können ihren Daumen den anderen Fingern gegenüberstellen, um sich richtig an Ästen festzukrallen, einen Stock als Werkzeug zu benutzen oder ans leckere Bananeninnere zu kommen. Allerdings klappt das Zusammenspiel zwischen Hirn und Hand nicht so perfekt wie bei uns. Darum können wir unsere Handwerkzeuge vielseitiger und genauer einsetzen.

☞ ***Übrigens:*** Wie viel wir wirklich nur können, weil wir unseren Spezialdaumen haben, könnt ihr leicht ausprobieren, indem ihr euch als Experiment für eine halbe Stunde die Daumen mit einem Pflaster eng an die Hand klebt. Jetzt versucht mal, aus einem Wasserglas zu trinken oder einen Joghurt zu löffeln …

Willis Wissen: Nur *weil* unsere Finger unterschiedlich lang sind, können unsere Hände sehr präzise arbeiten und auch kräftig zupacken. Die Fingerlängen machen die Hand zum genialsten Werkzeug, das wir haben.

Warum kriegen alte Leute graue Haare?

Nico aus Oldenburg

Sehr lange haben die Menschen gerätselt, warum die Haare im Alter grau oder weiß werden. Mittlerweile glauben die Forscher aber zu wissen, woran's liegt.

Welche Haarfarbe ein Mensch hat, hängt von der Mischung verschiedener Farbteilchen ab – den sogenannten *Pigmenten* –, die der Körper selbst herstellt. Verantwortlich ist das *Farbpigment Melanin.* Das gibt's in Gelb-Rot oder in Schwarz-Braun. Je nachdem, wie viel wir von der einen oder der anderen Sorte in den Haaren haben, sind unsere Haare schwarz, braun, rot oder blond. Alle natürlichen Haarfarben entstehen durch die Mischung dieser Farbtöne, fast wie in einem Malkasten.

Das heißt auch: Es gibt gar keine grauen Farbteilchen. Daran, dass die Haare im Alter grau werden, ist trotzdem das Melanin schuld. Wenn ein Mensch älter wird, fabrizieren die Melanin herstellenden Zellen, die *Melanozyten,* nämlich weniger Farbteilchen. Im Laufe der Zeit führt das dazu, dass neu nachwachsende Haare immer weniger Farbteilchen enthalten. Kleine Luftbläschen, die immer in den Haaren drin sind, werden sichtbarer. Deshalb erscheinen die Haare irgendwann nicht mehr schwarz, braun, blond oder rot – sondern grau oder weiß.

Es ist ganz normal und natürlich, dass wir alle irgendwann graue Haare bekommen. Wann es ungefähr losgeht, ist in den *Genen*, also dem geheimen »Bauplan« jedes Menschen, festgelegt. Wann genau, wie und wie schnell jemand grau wird, hängt aber auch von äußeren Einflüssen ab. Bei manchen Menschen fängt's früher an, bei anderen später. Weil wir den Zeitplan der Natur (noch) nicht lesen können, müssen wir uns überraschen lassen.

Wie viele Haare hat ein Mensch auf dem Kopf?

Tom aus Potsdam

Da kann ich nur sagen: Fangt doch einfach schon mal an zu zählen! Ganz schön mühsam, oder? Noch dazu hat jeder Mensch unterschiedlich viele Haare auf dem Kopf. Trotzdem haben sich Experten diese Frage auch schon gestellt. Gern wird behauptet: Die Anzahl der Haare auf dem Kopf eines Menschen hat mit der Haarfarbe zu tun!

Rote Haare zum Beispiel sind eher dick, deshalb rechnet man mit ungefähr 80.000 Stück auf einem Rotschopf-Kopf. Das sind ungefähr so viele Haare, wie Menschen in ein großes Fußballstadion passen. Schwarze und braune Haare sind nicht ganz so dick: durchschnittlich 110.000 sind es pro Kopf. Die meisten Haare sprießen aber auf blonden Köpfen: ungefähr 150.000 Stück, also fast doppelt so viele wie bei rothaarigen Menschen. Ganz grob kann man von 100.000 Haaren auf einem Menschenkopf sprechen. Insgesamt hat ein Mensch aber noch deutlich mehr »Fell« zu bieten: Zählt man zum Beispiel all die kleinen, feinen Härchen an Armen und Beinen mit, sollen es etwa fünf Millionen, also 5.000.000, Haare sein.

☞ ***Übrigens:*** Alle Haare auf dem Kopf zusammen wachsen im Durchschnitt ungefähr 30 Meter pro Tag. Das macht in einem Monat fast 1.000 Meter – einen ganzen Kilometer!

Hat jeder Mensch ein gleich großes Gehirn?

Andrea aus Bad Reichenhall

Gehirne sind unterschiedlich groß: Der Elefant hat ein ziemlich großes Gehirn, weil er selbst groß ist und große Teile des Gehirns mit der Steuerung von Bewegungen und Muskeln beschäftigt sind. Eine Fliege hat ein viel kleineres Hirn. Klar. Eine Fliege mit Elefantenhirn würde ja auch ziemlich komisch aussehen.

Wie ist das bei uns Menschen? Gehirnforscherin Professor Katrin Amunts vom Institut für Neurowissenschaften am Forschungszentrum Jülich hat mir das erklärt: Jedes Menschenhirn ist anders und damit auch unterschiedlich groß und schwer. Es gibt gut funktionierende Gehirne, die nur ein Kilogramm wiegen, und genauso welche, die das Doppelte wiegen. Im Durchschnitt haben große Menschen ein größeres Gehirn als kleine und Männer ein größeres als Frauen. Die Größe eines Gehirns misst man über sein Gewicht. Je schwerer, desto größer ist es auch. Der Mittelwert beim Männerhirn liegt bei 1450 Gramm, Frauenhirne wiegen durchschnittlich 1300 Gramm.

Mit ungefähr drei Jahren ist das menschliche Gehirn komplett ausgewachsen, entwickelt sich dann aber noch lange weiter. Experten sagen, das Gehirn *reift*. Je mehr es gefordert und gefördert wird, desto besser oder *reifer* wird es. Grundsätzlich verändert sich jedes Gehirn ein Leben lang.

Verschiedene Bereiche sind für unterschiedliche Dinge zuständig. Durch Übung und »Benutzung« lassen sich diese Regionen immer besser vernetzen, das bedeutet, immer mehr *Nervenbahnen* wachsen zwischen den einzelnen Gehirnabteilungen.

In Gehirnen von Menschen, die etwas besonders gut können, sind die dafür zuständigen Bereiche besser verbunden und besser trainiert als bei anderen. Man kann zum Beispiel messen, dass bei einem sehr guten Klavierspieler die Bereiche des Hirns, die die Handbewegungen steuern, ein klein wenig größer sind als bei Nicht-Klavierspielern. Ebenso ist das Hörzentrum ein bisschen vergrößert. Training lohnt sich also! Und es ist nie zu spät, sich mit neuen Dingen zu beschäftigen – das Hirn lernt nie aus!

Sind Menschen mit großem Hirn automatisch schlauer?

Eindeutige Antwort: nein! Einer der schlausten Deutschen überhaupt, der geniale Physiker und Nobelpreisträger Albert Einstein, hatte sogar ein ziemlich kleines Gehirn. Es war mit 1351 Gramm kleiner als das durchschnittliche Männergehirn. Ob jemand schlau ist, hat nichts mit Größe und Gewicht seines Denkapparates zu tun. Es hängt von den Nervenzellen und ihren Verbindungen ab. Je besser die Hirnregionen über die Nervenbahnen miteinander vernetzt sind und je schneller ein Gehirn dadurch Informationen in die dafür zuständigen Bereiche bringen kann, desto schneller und besser kann es darauf reagieren – desto »schlauer« ist der Mensch.

Stellt euch die Nervenverbindungen vor wie ein Netz aus vielen Autobahnen. Ins Ziel kann man entweder mit einem Ferrari fahren oder mit einer Pferdekutsche. Man kommt an. Aber mit dem Ferrari geht's viel schneller. Wichtig ist, dass nicht nur die Autobahn gut ausgebaut ist, sondern dass die Verbindung problemlos bis direkt ins Ziel führt, also ohne Stau, ohne Umleitungen, Ampeln und Kreisverkehre. Und dass es Schleichwege gibt, auf die man spontan ausweichen kann und trotzdem schnell ans Ziel kommt, falls es auf den Hauptstraßen Stau gibt. Je schneller das Gehirn eine Information verarbeiten kann, desto schneller kann es darauf reagieren und desto intelligenter ist es, unabhängig von der Größe: Bis die Pferdekutsche ins Ziel rumpelt, ist der Ferrari längst über alle Berge.

☞ ***Übrigens:*** Das Gehirn eines Gorillas sieht dem eines Kindes sehr ähnlich. Warum das menschliche Gehirn aber sehr viel mehr und sehr viel kompliziertere Dinge anstellen kann, das haben die Gehirnforscher im Detail noch lange nicht verstanden.

Willis Wissen: Jedes Menschenhirn ist einzigartig, und jedes Gehirn sieht ein wenig anders aus. Wie intelligent jemand ist, hängt davon ab, wie gut die verschiedenen Bereiche des Gehirns miteinander vernetzt sind.

Warum kriegen wir vom Eisessen manchmal Kopfweh?

Laura und Leon aus Beerenbostel

Wenn's draußen richtig schön warm und sonnig ist, dann fehlt eigentlich nur eins zum Glück: ein richtig schönes großes, dickes Eis! Schnell weggeschleckt! Manchmal tut's dann plötzlich weh. Ein fieser, stechender Kopfschmerz, der nach ein paar Sekunden meistens wieder verschwunden ist. Nicht schädlich, aber extrem unangenehm.

Der als »Gehirnfrost« oder »Eiskrem-Kopfschmerz« bezeichnete Schmerz wird durch sehr kalte Speisen oder Getränke ausgelöst. Wie das genau vor sich geht, ist allerdings noch nicht erforscht. Es habe zwar mit dem plötzlichen großen Temperaturunterschied zu tun, der Ausdruck »Gehirnfrost« sei aber eindeutig falsch, sagt Professor Hans-Christoph Diener, der Direktor der Neurologischen Universitätsklinik Duisburg-Essen. Das Gehirn sei nämlich viel zu gut geschützt, als dass ihm eine Kugel Eis etwas anhaben oder es davon gar »schockgefrostet« werden könne.

Professor Diener rät, Eis lieber ein wenig anschmelzen zu lassen und auch Getränke nicht zu kalt zu trinken. Außerdem: Immer schön ruhig bleiben und nicht zu gierig schlecken! Falls die Schleckerei trotzdem immer wieder weh tut und sehr unangenehm ist, hat der Professor leider nur eine ganz schlechte Nachricht: »Wenn Eiskrem immer wieder Kopfschmerzen auslöst, ist die einzige

Lösung, keine Eiskrem mehr zu essen!« Ich wiederhole: KEIN Eis mehr ... Was wirklich schlimmer ist, müsst ihr selbst entscheiden: der kurze Kopfschmerz mit Eis oder der Herzschmerz ohne.

☞ ***Übrigens:*** Eiskrem-Kopfschmerzen können genauso gut im Winter durch kalte Luft auftreten. Entscheidend ist der Temperaturunterschied, der im Mund entsteht. Deshalb können auch sehr kalte Getränke, zum Beispiel welche direkt aus dem Kühlschrank oder mit Eiswürfeln drin, schmerzhaft werden.

Wie groß ist der kleinste Mann der Welt?

Michael aus Enns in Österreich

Der derzeit wahrscheinlich kleinste Mann der Welt heißt Khagendra Thapa Magar und lebt in Nepal, am Fuße des höchsten Berges der Welt, dem Mount Everest. Khagendra soll nur 62 Zentimeter groß sein, also gut so viel wie zwei große Lineale. Er müsste sich dreimal selbst aufeinander stellen, damit er ein bisschen größer wäre als der Willi. Ein Drei-Khagendra-Hoch ist ungefähr ein Ein-Willi-Hoch. Khagendra ist erwachsen, aber trotzdem nur so groß wie ein drei Monate altes Baby.

Das berühmte *Guinness Buch der Rekorde* sammelt alle möglichen Weltrekorde: von den meisten gleichzeitig getragenen T-Shirts (227) über den schwersten Kürbis

(766 Kilogramm), die längsten Haare (5,63 Meter), den tiefsten Tauchgang eines Hundes (4 Meter) bis hin zu den meisten in einer Minute mit der Hand zerschlagenen Kokosnüssen (81). Wie ihr seht, gibt es sinnvolle und weniger sinnvolle Weltrekorde. Spannend sind sie aber (fast) alle.

Weil es viele Menschen gibt, die unbedingt im *Guinness Buch der Rekorde* stehen wollen, wird jeder Rekord ganz genau geprüft, bevor er aufgenommen wird. Es gelten strenge Regeln, damit keiner schummelt. Eine dieser Regeln besagt, dass der kleinste Mann der Welt volljährig, also 18 Jahre alt sein muss, damit der Weltrekord gilt. Und genau aus diesem Grund steht Khagendra noch nicht im *Guinness Buch*. Er hat zwar seinen 18. Geburtstag schon gefeiert – in seinem Heimatland Nepal wird aber anders gezählt als bei uns. In Nepal ist man bei der Geburt schon eins. Das heißt, Khagendra war an seinem nepalesischen 18. Geburtstag nach unserer und der Guinnessbuch-Rechnung erst 17 Jahre alt. Verrückt! Irgendwann wird aber jemand vom *Guinness Buch* kommen und genau nachmessen. Wenn Khagendra dann wirklich der allerkleinste Mann der Welt ist, kriegt er seinen Rekord.

Willis Wissen: Khagendra Thapa Magar aus Nepal ist mit 62 Zentimetern der zurzeit wahrscheinlich kleinste Mann der Welt. Ab seinem 18. Geburtstag kann dieser Weltrekord vom *Guinness Buch* bestätigt werden.

Warum müssen manche Menschen im Rollstuhl sitzen?

Nadine aus Magdeburg

Dafür, dass manche Menschen durchs Leben rollen müssen, gibt es verschiedene Gründe. Einer der häufigsten ist die *Querschnittslähmung*.

Die Wirbelsäule ist der mittlere Teil unseres Rückens, der unser Skelett wirklich wie eine Säule stützt und aufrichtet. Sie besteht aus 24 beweglichen *Wirbeln*. In diesen Knochenwirbeln geschützt liegt das Rückenmark, die *Datenautobahn* unseres Körpers. Über unzählige winzige *Nervenbahnen*, die durch das Rückenmark verlaufen, schickt das Gehirn blitzschnell Befehle an alle Körperteile. Umgekehrt kriegt das Hirn übers Rückenmark aber auch Informationen zurück, zum Beispiel aus den Armen oder Beinen. Die Datenautobahn funktioniert in beide Richtungen. Ohne die Nerven im Rückenmark weiß das Gehirn zum Beispiel nicht, dass gerade eine Fliege über den Großen Zeh links unten krabbelt.

Doktor Jürgen Moosburger vom Querschnittzentrum im SRH Klinikum in Karlsbad versucht seit 1982, Menschen mit Behinderung aus dem Rollstuhl zu helfen. Er kennt sich genau aus: Bei jeder Querschnittslähmung gibt es ein Problem mit den Nervenbahnen im Rückenmark. Sie sind entweder ganz oder teilweise abgetrennt. Ihr könnt euch das wirklich vorstellen wie einen Schnitt quer durch den Körper. Ab der Problemstelle oder »Unfallstelle auf der Datenautobahn« kommen keine Informationen mehr durch. Weder vom Zeh ins Hirn noch vom Hirn in den Zeh. Das heißt für Menschen mit Querschnittlähmung, dass sie ab der »Unfallstelle« abwärts nichts spüren. Sie fühlen zum Beispiel ihre Beine nicht, können sie nicht kontrollieren und auch nicht benutzen. Deshalb müssen sie im »Rolli« fahren. Die Lähmung betrifft oft auch die Muskeln im Darm und in der Blase. Deswegen gehen auch Gefühl und Kontrolle dafür verloren, wann und ob man aufs Klo muss.

Wenn das Rückenmark nicht ganz, sondern nur teilweise durchtrennt ist, können durch langsames, hartes Training manche Funktionen im gelähmten Körperteil zurückkommen. Verletzte Nerven im Rückenmark können zum Teil wieder zusammenwachsen, und man kann zum

Beispiel neu lernen, die Beine zu kontrollieren und vielleicht sogar zu gehen. Ungefähr zwei Jahre lang haben die Nervenbahnen die Chance, sich zu erholen. Wenn die Heilung sehr gut verläuft, können Querschnittsgelähmte, ausgerüstet mit den für ihre Verletzung passenden Hilfsmitteln, sogar wieder Sport treiben. Manche kämpfen sogar um Goldmedaillen bei den *Paralympics*, den Olympischen Spielen für Menschen mit Behinderung. Ist das Rückenmark aber ganz durchtrennt, hilft leider auch das beste Training nichts. Diese Menschen müssen für immer im Rollstuhl sitzen. Trotzdem kann es ihnen gelingen, sich alles so zu organisieren, dass sie auch im Rollstuhl ein relativ »normales« Leben führen können. Mit kleinen Tricks und großen Hilfsmitteln sind ein toller Beruf und ein glückliches Familienleben möglich. Komplizierter wird es natürlich, je weiter oben im Körper der Querschnitt die Datenautobahn durchtrennt.

Ungefähr 1.000 Menschen erleiden jedes Jahr in Deutschland bei einem Unfall eine Rückenmarksverletzung. Das kann bei einem Verkehrsunglück passieren, beim Sport oder auch, wenn jemand kopfüber in zu seichtes Wasser springt. Die Gefahr ist da! Und von einem Augenblick auf den anderen ändert sich das Leben komplett. Gerade kurz nach so einem Unfall fehlt vielen Patienten der Mut und die Kraft für den schwierigen Weg in ein Leben im Rollstuhl, sagt Doktor Moosburger.

»Warum könnt ihr Ärzte die kaputten Nervenbahnen nicht einfach wieder zusammennähen?«, habe ich ihn gefragt. Aber *einfach* ist das leider überhaupt nicht. Stellt euch das Rückenmark wie ein dickes Hanfseil vor. Wenn ihr das durchschneidet, seht ihr lauter einzelne kleine Fäden. Die Nervenbahnen im Rückenmark, das so dick ist wie ein Daumen, sind noch viel feiner als das Seil. Und jetzt müsstet ihr genau die beiden Enden finden, die zusammengehören, und sie dann mit einem Miniaturfaden und einer Miniaturnadel zusammennähen. Da haben die Ärzte leider keine Chance! Das klappt nicht. Aber viele Rollifahrer zeigen: Ein Leben im Rollstuhl ist immer ein komplett anderes, kann aber ein genauso gutes sein.

Willis Wissen: Menschen mit Verletzungen oder Erkrankungen des Rückenmarks sitzen oft im Rollstuhl und spüren Teile ihres Körpers nicht. Trotzdem führen viele Rollstuhlfahrer ein ziemlich »normales« Leben. Mit Glück und eisernem Willen schaffen es manche Menschen sogar wieder raus aus dem Rolli. Vieles geht im Rollstuhl, alles aber leider nicht.

Welchen Sinn hat Schluckauf?

Tim aus Leer

Meistens kommt er, wenn man ihn gerade gar nicht brauchen kann – und dann kann's ganz schön peinlich werden: der Schluckauf. Diese seltsame und nicht kontrollierbare Hickserei wird zum Beispiel ausgelöst, wenn man zu hastig oder zu scharf gegessen hat, zu heiß oder zu kalt getrunken oder wenn man ziemlich im Stress ist. Manchmal kommt er auch einfach so. Welchen Sinn Schluckauf bei Erwachsenen hat, ist umstritten. Vielleicht hat er sogar gar keinen.

Für Babys ist der Schluckauf aber lebenswichtig. Man nimmt an, dass die Zwerge schon in Mamas Bauch ihre Lungen für später trainieren. Der Schluckauf verhindert, dass dabei versehentlich Fruchtwasser mit eingeatmet wird. Und ist das Baby auf der Welt, sorgt er dafür, dass auch die Muttermilch nicht auf gefährliche Abwege gerät. Für Erwachsene könnte der Schluckauf also ebenfalls eine Schutzfunktion sein, die verhindert, dass aus Versehen Dinge in die Lunge gelangen, die da nicht hingehören.

Schluckauf entsteht, wenn das Gehirn einem bestimmten Nerv, dem *Nervus phrenicus*, ein Signal gibt. Dadurch zieht sich unser *Zwerchfell* plötzlich zusammen. Das ist der Muskel zwischen Lunge und Bauch, der fürs Atmen zuständig ist. Zieht er sich ruckartig zusammen, strömt plötzlich sehr viel Luft in die Lunge. Jetzt kommt der Schluckauf-Reflex: Oben im Hals, genauer gesagt im Kehlkopf, sitzt die *Stimmritze*. Die brauchen wir eigentlich, damit wir Töne erzeugen und sprechen können. Sie ist aber auch so etwas wie der »Türsteher« für die Luftröhre: Beim Schluckauf macht sie den Weg in die Luftröhre blitzschnell dicht. Tür zu, nichts kommt mehr rein oder raus. Die Lunge will tief Luft holen, die Stimmritze macht den Weg dicht, und die ganze Luft prallt an die verschlossene »Luftröhren-Tür«. So entsteht der laute Hicks!

Die Stimmritze von Babys ist das plötzliche Türe-zu-Knallen gewohnt: Schluckauf muss ja verhindern, dass Fruchtwasser oder andere Dinge in die Luftröhre und weiter in die Lunge geraten und dort Schaden anrichten. Für

Babys ist Schluckauf lebenswichtig, für Erwachsene unangenehm. Wann und warum genau das Gehirn auch bei Erwachsenen den Befehl an den Nervus phrenicus gibt und damit den Schluckauf auslöst, wissen wir nicht.

☞ ***Übrigens:*** Meistens ist ein Schluckauf schnell wieder vorbei. Es gibt aber Menschen, die müssen sich jahrelang damit herumquälen. Ein Amerikaner zum Beispiel ist bekannt geworden, weil er bis zu 70-mal in einer Minute hicksen musste – mehrere Jahre lang! Er konnte weder richtig essen, noch richtig schlafen und litt ganz schön unter seinem Schluckauf. Er bekam angeblich mehr als 100.000 Briefe aus aller Welt mit schlauen Tipps, wie die Hickserei aufhören sollte: Zunge rausstrecken, Essig trinken, an fünf Glatzköpfe denken, Ohren zusammenbinden und einen Bleistift in den Mund nehmen, Pfeffer einatmen, auf dem Kopf stehend ein Glas Wasser trinken – nichts half ihm. Für den Mann war der Schluckauf eine quälende Krankheit, die erst nach acht Jahren wieder aufhörte. »Wie durch ein Wunder« soll es auf einmal vorbei gewesen sein. Bei uns geht der »Schnackler« meistens ganz von selber wieder weg. Bestes Hilfsmittel: Ablenkung! Bloß nicht ans Schluckauf-Aufhören denken. Wenn das so einfach wäre …

Willis Wissen: Schluckauf soll verhindern, dass falsche Sachen in die Luftröhre und damit in die Lunge kommen und dort Schaden anrichten. Darum wird beim Schluckauf ganz schnell der Eingang in die Luftröhre verschlossen. Luft prallt dagegen und macht den Hicks.

Können sich Franzose, Amerikaner und Deutscher in Gebärdensprache unterhalten?

John aus Hamburg

Mit Hilfe der Gebärdensprache verständigen sich vor allem Menschen, die nichts oder nur sehr wenig hören können. Sie funktioniert über Zeichen, sogenannte *Gebärden*. Dazu gehören Bewegungen der Hände, Mundbewegungen und Gesichtsausdrücke. Ein Franzose, ein Amerikaner und ein Deutscher können sich in Gebärdensprache zwar verständigen, diese Unterhaltung kann aber ganz schön lange dauern. Es gibt nämlich keine weltweit gültige, gemeinsame Gebärdensprache.

Die Gebärden für Alltagsdinge wie Essen, Schlafen oder Einkaufen sind in den meisten Ländern relativ ähnlich, aber eben nicht gleich. Dass sich Gehörlose in fremden Ländern wahrscheinlich trotzdem besser verständlich machen können als jemand, der die fremde *gesprochene* Sprache nicht beherrscht, liegt hauptsächlich daran, dass »Gebärdensprecher« besser trainiert und viel geschickter darin sind, ihre Gedanken und Gefühle mit Zeichen und »vollem Körpereinsatz« auszudrücken und zu umschreiben.

Ungefähr einer von tausend Menschen in Deutschland ist nach Auskunft des Gehörlosen Instituts Bayern gehörlos, insgesamt rund 80.000 Deutsche. Die Gebärdensprache beherrschen aber deutlich mehr Menschen, zum Beispiel Angehörige und Freunde von Gehörlosen. Sie stellt keine Buchstaben oder einzelne Wörter dar, sondern gleich ganze Sätze oder *Sinnzusammenhänge*. Es gibt also zum Beispiel Zeichen für »Ich habe Hunger«, »Das gefällt mir ganz und gar nicht« oder »Das ist meine freie Entscheidung«.

Für unbekannte Wörter und Namen gibt es zusätzlich in jeder Gebärdensprache ein *Fingeralphabet* mit einem Zeichen für jeden Buchstaben. Also W, I, L, L und I.

Gebärdenbayrisch trifft Gebärdenberlinerisch

Dass es keine gemeinsame Sprache der Gehörlosen auf der ganzen Welt gibt, hat einen einfachen Grund: Gebärden konnten früher nur im direkten Kontakt weitergegeben werden, also wenn sich zwei Gebärdensprecher gegenüberstanden, weil es noch keine Fotos, Videos oder Bildtelefone gab. Dadurch entwickelten sich nicht nur in Amerika andere Gebärden als in England. Auch in

Deutschland hat mehr oder weniger jede Region eigene Zeichen, einen eigenen *Dialekt*. Gebärdensächsisch unterscheidet sich in manchen Ausdrücken deutlich von Gebärdenostfriesisch.

Obwohl sich Gehörlose heute deutschlandweit meist gut verständigen können, bestehen die Dialekte immer noch. Zum Beispiel wird ein »Mann« in Süddeutschland mit der Geste für »Person mit Bart« beschrieben. In Norddeutschland dagegen ist das Zeichen für »Mann« eine »Person mit Hut«. Meint der Bayer einen »Keller«, deutet er nach unten, »unter die Erde«. Der Sachse beschreibt den Keller dagegen mit einem Zeichen als »dunklen Ort«. Beides ist richtig und nachvollziehbar. Trotzdem kann man sich vorstellen, dass solche Unterschiede von einem Bundesland zum nächsten eine Unterhaltung manchmal schwierig machen. Aber das kennen wir von der gesprochenen Sprache ja auch: Obwohl der Schwabe und der Hamburger die gleiche Sprache (Deutsch!) sprechen, hat doch jede Gegend ihre eigenen Ausdrücke und ihre eigene Aussprache. Wenn man einen Dialekt nicht kennt, muss man manchmal schon ganz genau hinhören …

Willis Wissen: Es gibt keine internationale Gebärdensprache und sogar innerhalb von Deutschland Gebärdendialekte. Trotzdem können sich Gehörlose in Frankreich oder Amerika wahrscheinlich besser verständigen als Hörende. Ein schönes, bildhaftes Zeichen ist eben doch verständlicher als ein Wort in einer Sprache, die man nicht kennt.

Warum träumt man nachts?

Tabea aus Boppard

Warum genau wir träumen, wissen auch die besten Wissenschaftler noch nicht. Auch ob und wie die Geschichten, die wir im Traum erleben, mit unseren echten Erlebnissen des Tages zusammenhängen, ist unklar. Man kann aber trotzdem eine ganze Menge dazu sagen, was während des Schlafs im Gehirn vor sich geht. Darüber habe ich mit Dr. Dieter Kunz, Chefarzt der Abteilung für Schlafmedizin im Berliner St. Hedwig-Krankenhaus, gesprochen.

Jede Nacht wechseln sich im Schlaf mehrmals die ruhige *Tiefschlafphase* und die aktive *REM-Phase* ab. REM ist die Abkürzung für »Rapid Eye Movement«, was übersetzt »schnelle Augenbewegung« bedeutet. Tiefschlaf dient der Erholung und wird etwa alle 90 Minuten von REM-Schlaf abgelöst, der dann zwischen fünf und 30 Minuten dauert. In der REM-Phase ist unser Gehirn sogar wacher und aktiver als am Tag!

Die meisten Träume haben wir in dieser REM-Phase. »Unsere Träume sind jede Nacht wild. Wir kämpfen jede Nacht mit Monstern und bösen Typen. Träume sind meistens ziemlicher Unsinn«, sagt Dr. Kunz. Damit wir in unseren Schlaf-Abenteuern nicht wild um uns schlagen, sind alle Muskeln entspannt, nur die Augen zittern kreuz und quer durch die Gegend. Viel schneller, als wir das am Tag bewusst hinbekommen würden.

Wenn die Schlafforscher in Experimenten freiwillige

Versuchsschläfer direkt aus der REM-Phase aufwecken, können die ihre Träume ganz genau erzählen. Am nächsten Morgen ist die Erinnerung meistens aber wieder gelöscht. Wenn wir uns an Träume nicht mehr erinnern können, ist das sogar ein gutes Zeichen: Dann hat das Gehirn sehr gut und komplett geschlafen und sich voll auf den REM-Schlaf konzentriert. Das ist wichtig!

Man nimmt heute nämlich an, dass der REM-Schlaf folgende Aufgaben hat. Erstens: Abspeichern und Ausmisten. Wichtige Erlebnisse des Tages speichert das Gehirn im Langzeitgedächtnis ab, schöne Erinnerungen viel besser als unangenehme. Wahrscheinlich können wir uns deshalb später an schlimme Dinge viel weniger gut erinnern. Komplett Unwichtiges wird einfach komplett gelöscht. So ist wieder Speicherplatz frei für den neuen Tag.

Zweite Aufgabe: Lernen! Das Vokabelheft unter dem Kopfkissen hilft nur, wenn ihr vor dem Einschlafen noch einmal reinschaut. Im REM-Schlaf lernt das Gehirn nämlich dazu. Richtig gut erforscht ist das für automatische Bewegungen wie Fahrradfahren oder Klavierspielen: Wenn der REM-Schlaf in der ersten Nacht nach der Klavier-Doppelstunde sehr gut ist, klappt die komplizierte Griffkombination am Tag danach locker. Wer den Schlaf allerdings ausfallen lässt oder abkürzt, wird immer wieder hängenbleiben, auch wenn er den ganzen Tag geübt hat. Automatische Bewegungen »verinnerlicht« das Gehirn nur im Schlaf richtig. Entscheidend sind immer die erste Nacht danach und guter REM-Schlaf!

Aber WIE schlafen wir gut? Menschen sind tagaktive Lebewesen. Wir sollten nachts schlafen, sagt unsere innere Uhr. Diese Uhr gibt auch etwa vor, wie viel Schlaf wir brauchen. Manche Menschen brauchen nur vier, andere zwölf Stunden pro Nacht. Für alle gilt: möglichst schon vor dem Schlafengehen anfangen zu entspannen. Keine aufregenden Diskussionen mehr, keine wilden Filme, keine großen Berge Nudeln. Ruhig werden, lachen, fröhlich ins Bett. Wichtig: kein Licht! Höchstens zum Einschlafen ein kleines Licht, danach sollte es richtig stockdunkel sein! Nur so werden im Schlaf alle Energiespeicher aufgefüllt – und die Speicherplätze im Hirn sind frisch für neue Abenteuer.

Willis Wissen: Im Schlaf merkt sich das Gehirn neue Dinge, lernt dazu und löscht Unwichtiges. Außerdem tankt der Körper neue Kraft. Warum der Mensch dazu aber träumen muss, ist noch nicht erforscht.

Wie heißen die drei Zehen zwischen dem Großen und dem Kleinen Zeh?

Pia, Lea und Jan aus Emmerich am Rhein

Ganz schön unhöflich! Da trampelt man jeden Tag stundenlang auf ihnen herum und weiß gar nicht, wie sie eigentlich heißen: die Zehen. Den großen Zeh nennen wir auch *Großer Onkel*, das ist ja noch ganz lustig, der kleine Zeh heißt – eher langweilig – *kleiner Zeh*. Aber wie sieht's mit den drei Kameraden dazwischen aus? *Ringzeh, Mittelzeh* und *Zeigezeh* macht jedenfalls keinen Sinn. Wer zeigt schon mit den Zehen? Tragt ihr Ringe an den Füßen? Mittelzeh, okay, das würde gerade noch gehen. Ist aber auch nicht besonders originell.

Ärzte haben Namen für alle Zehen, die kommen aus dem Lateinischen. Der große Zeh heißt da *Hallux*, der kleine Zeh *Digitus mnimus*. Immerhin. Aber für unsere drei namenlosen Freunde dazwischen bleiben auch bei den Medizinern leider nur die langweiligen Nummern zwei, drei und vier übrig: Sie heißen Digitus II, Digitus III und Digitus IV.

Warum heißt der große Zeh auch »Großer Onkel«?

Dieser Ausdruck hat sich sicher nicht entwickelt, weil der große Zeh immer so nett ist und Süßigkeiten mitbringt, wenn er kommt. Außerdem ist er ja immer schon da! Mit einem echten Onkel hat er also nix zu tun. Wahrscheinlich hat sich der Ausdruck aus dem französischen *Grand Ongle* entwickelt, was übersetzt so viel heißt wie »Großer Zehennagel«.

☞ ***Übrigens:*** Allgemein kann der lateinische Ausdruck *Digitus* sowohl einen Finger als auch eine Zehe meinen. Vom Aufbau der Knochen her sind sich Finger und Zehen nämlich ziemlich ähnlich. Nur lustige Namen haben die Zehen ganz offensichtlich nicht abbekommen.

Das sollten wir unbedingt ändern! Ich schlage deshalb vor, dass es ab sofort neben dem *Großen Onkel* auch die *Langgewachsene Großtante*, den *Mittelgroßen Schwippschwager*, die *Spindeldürre Cousine* und den *Kleinwüchsigen Neffen* gibt. Einverstanden? Oder kennt ihr lustigere Namen?

Ich wünsche euch gute Ideen bei der Namensfindung für eure eigenen Zehen und bedanke mich für diese gute Frage!

Warum verliebt man sich?

Leonie aus Belgien

Die *Liebe*: das schönste Gefühl und gleichzeitig wahrscheinlich die komplizierteste Sache der Welt. Plötzlich trifft sie einen wie der Blitz: Das Herz rast, und man möchte nichts anderes mehr, als mit diesem einen Menschen zusammen sein. Schließlich ist sie die schönste, beste, stärkste, netteste, lustigste und bewundernswerteste Person auf der ganzen Welt, die mit den schönsten Haaren, Augen, Lippen, der anziehendsten Stimme, dem besten Geruch, dem süßesten Lächeln ...

Die Liebe versetzt den ganzen Körper in einen Rausch, einen Ausnahmezustand: Alles ist leicht und himmlisch (denkt nur an die berühmte »Wolke Nummer sieben«), die oder der Liebende schwebt durchs Leben und trägt die ebenso berühmte »rosarote Brille«, das Herz pocht bis zum Hals, und der Brauch kribbelt, als sei er wirklich randvoll mit Schmetterlingen. Es ist einfach wunderbar! Verliebtsein macht glücklich, Verliebtsein macht unbesiegbar, Verliebtsein ist wie eine Sucht: Wir können nicht genug von diesem Gefühl bekommen!

Nur: Warum verlieben wir uns? Grundsätzlich will jeder jemanden haben, den er liebhat und der ihn wiederum lieb zurück hat. Jemanden, mit dem er Freude, Leid und Leben teilen kann. Außerdem haben wir – wie alle anderen »Tiere« auch – von der Natur den Auftrag bekommen, unsere »Art zu erhalten«. Mit anderen Worten: Wir sollen Babys bekommen und dadurch sicherstellen, dass die Menschen nicht aussterben. Auch dafür suchen wir den perfekten Partner: stark, gesund, erfolgreich. Nun sieht es nicht gerade so aus, als würden die Menschen bald aussterben, und natürlich sollte man nicht mit jedem, in den man verliebt ist, sofort Babys bekommen! Aber tief drinnen ist auch das ein Grund, warum wir uns verlieben.

Warum wir uns nun plötzlich GENAU IN DIESE EINE PERSON und in keine andere unsterblich verknallen, das würden auch viele Forscher liebend gerne herausfinden. Das Geheimnis der Liebe ist nämlich noch nicht gelöst. Wir können sie nicht steuern, im Gegenteil, sie steuert uns – und zwar fern!

Wenigstens wissen wir aber ziemlich genau, was zwischen zwei Menschen passiert, die sich verlieben: Chemische Botenstoffe im Körper, sogenannte *Hormone*, spielen komplett verrückt. Wenn die »Chemie stimmt«, verlieben wir uns. Und natürlich, wenn wir denjenigen schön und interessant finden.

Das Feuerwerk der Hormone entzündet das Feuerwerk der Gefühle

Das weiß jeder: Die Augen und der berühmte »erste Blick« spielen eine wichtige Rolle in der Liebe. Bevor all die komplizierten Dinge im Gehirn anfangen, muss uns jemand erst einmal besonders auffallen. Erst dann gilt: *Liebe geht durch die Nase.* Wir müssen den anderen »riechen können«. Logisch, dass wir mit niemandem zusammen sein wollen, der stinkt. Darüber hinaus gibt es aber im Körpergeruch jedes Menschen Liebes-Lockstoffe oder *Pheromone*, die uns anziehen oder eben nicht. Nur wenn wir finden, dass jemand gut oder sogar sehr gut riecht, verlieben wir uns in ihn. Und gehen damit den Liebes-Lockstoffen in die süße Falle.

Liebe macht blind: Wenn wir an dem anderen geschnüffelt haben und begeistert sind, kommen wieder die Hormone ins Spiel: Sie schalten im Gehirn die Bereiche aus, die für Kontrolle und Kritik zuständig sind und kleine Fehler beim anderen entdecken würden. Hormone setzen uns die berühmte rosarote Brille auf: Durch sie finden wir den anderen hübscher, schlauer, lustiger und eroberungswürdiger als alle anderen Menschen auf der Welt! Wir wollen uns an genau diesen einen Menschen binden und ihm ganz nah sein, näher, als wir es jedem anderen Menschen erlauben würden. Zum Beispiel wollen wir ihn unbedingt küssen. Nach heutigem Stand der Forschung sind für Liebe und Bindung hauptsächlich die beiden Hormone *Oxytozin* und *Vasopressin* verantwortlich.

Liebe macht glücklich: Dafür ist der Botenstoff *Dopamin*, auch »Glückshormon« genannt, entscheidend. Wir sind super drauf, nehmen allen Mut zusammen, um den anderen anzusprechen, tun verrückte Dinge, die wir sonst *nienienienie* machen würden, und haben dabei so ein lustiges Gefühl im Bauch, so wie Schmetterlinge ... Wir sind sicher: Diese Liebe hört nie auf! Tests mit Verliebten haben gezeigt, dass allein beim Anschauen von Fotos ihres Partners schon Glückshormone im Gehirn sprudeln.

Liebe kann grausam sein: Weil niemand die Liebe steuern kann, kann es leider passieren, dass man vom geliebten Traumpartner nicht zurückgeliebt wird. Liebeskummer und gebrochene Herzen sind deshalb grausam, weil die Liebe ein so starkes Gefühl ist. Deshalb ist es ganz wichtig, jedem Verliebten riesengroßen Respekt entgegenzubringen, auch wenn man nicht in ihn verliebt ist. Der Verliebte ist süchtig nach dem anderen, und jeder Entzug tut weh. Gegen Liebeskummer hilft wohl nur die Zeit, Gespräche, Ablenkung – und vielleicht Schokolade. Aber nicht zu viel!

☞ ***Übrigens:*** Wie die Liebe zwischen zwei Menschen funktioniert auch die Liebe zwischen Eltern und ihren Kindern. Eltern müssen sich ja sehr eng an ihre Kinder binden und möglichst alles für sie tun, damit die groß, stark, schlau und glücklich werden. Auch »verliebte« Eltern sehen deshalb manchmal bei ihren eigenen Kindern über Fehler hinweg, die sie bei anderen fürchterlich finden. Und das ist auch (meistens) gut so.

Willis Wissen: Warum wir uns genau in DIE oder DEN verlieben, wissen wir nicht. Wenn es passiert, sorgt ein ganzes Feuerwerk an chemischen Liebes- und Botenstoffen im Körper dafür, dass wir nichts mehr sehen und hören, sondern nur noch mit genau DEM oder DER zusammen sein wollen. Und nach der anderen Person. Herrlich! Die Liebe ist das schönste Gefühl der Welt – und in vielen Fragen immer noch ein großes Geheimnis.

Wie werden eigentlich Babys gemacht?

Pssst, keine Namen! Diese Frage interessiert euch doch alle …

Was passiert, wenn eine Frau schwanger wird? Wie kommt das Baby in den Bauch der Mama? So viele von euch beschäftigt diese gute Frage, dass ich damit direkt in die Sprechstunde von Herrn Dr. Klapperstorch gegangen bin. Ein paar von euch kennen ihn vielleicht aus *Willi wills wissen*. Wenn es einer weiß, dann er. Herr Doktor, Sie haben das Wort!

Doktor Klapperstorch: Hallo Willi. Ähm, ja, vielen Dank. Meine Damen, meine Herren, wie werden Babys gemacht? Bitte stellen Sie sich dafür eine Frau und einen Mann vor. Beide nackt. Ich meine: ganz nackt. Wir sehen: Die Frau hat einen Busen und weiter unten die Scheide, auch *Vagina* genannt. Der Mann hat ein Glied oder *Penis*. Der wiederum ist verbunden mit dem *Hodensack*.

Willi: Hodensack? Das müssen Sie erklären!

Doktor Klapperstorch: Der Hodensack ist ein Hautsack und heißt so, weil in ihm die Hoden drin sind. Sie gehören zu den *Geschlechtsorganen* des Mannes und stellen den *Samen* her, die sogenannten *Samenzellen* oder *Spermien*. Aber zurück zur Frage. Jetzt wird es ernst. Willi, es geht um die Liebe! Denn wenn ein Mann und eine Frau sich lieben … also wenn sie sich sehr, sehr liebhaben, dann wollen sie sich ganz nah sein. Manche Paare wünschen sich ein Baby, als Produkt und Krönung ihrer Liebe. Das geht dann folgendermaßen …

Willi: Herr Doktor Klapperstorch, jetzt erzählen Sie schon!

Doktor Klapperstorch: Also gut: Der Mann steckt sein Glied in die Scheide der Frau. Beide bewegen sich in einem gemeinsamen Takt und genießen es, sich ganz nah zu sein … Dabei werden sie immer aufgeregter und aufgeregter, und im Moment eines phantastischen Hochgefühls, das *Orgasmus* heißt, gibt der Mann seinen Samen

durch den Penis in die Scheide der Frau ab. Und dort beginnt jetzt ein Wettschwimmen.

Willi: Ein Wettschwimmen?

Doktor Klapperstorch: Absolut. Die vielen Hunderttausend Spermien des Mannes haben nur ein einziges Ziel: durch die Scheide zur *Gebärmutter* der Frau zu schwimmen und von dort in einen der beiden *Eileiter* zu gelangen. Einmal im Monat wartet hier eine weibliche *Eizelle* darauf, von einer Samenzelle *befruchtet* zu werden. Die erste Samenzelle, die die Eizelle erreicht, hat gewonnen.

Willi: Was passiert dann, Herr Doktor?

Doktor Klapperstorch: Nur die allererste, die schnellste, also die Goldmedaillen-Samenzelle darf mit der Eizelle verschmelzen. Dabei werden die Erbanlagen, also die *Gene*, von Vater und Mutter miteinander vermischt. Aus zwei »halben« Bauplänen für jeweils einen Menschen entsteht so ein ganzer für einen neuen Menschen, das Baby. Dieser Bauplan liefert der »Urzelle« des neuen Menschen alle wichtigen Informationen. (Das könnt ihr auf Seite 146 noch genauer nachlesen.)

Willi: Wann beginnen die Bauarbeiten am kleinen Menschen?

Doktor Klapperstorch: Sofortlich und unverzüglich! Der befruchteten Eizelle muss es jetzt gelingen, sich in der *Gebärmutter* der Frau einzunisten. Die Reise dorthin dauert vier bis fünf Tage. In dieser Zeit hat sich die Urzelle schon ein paarmal geteilt und verdoppelt. Damit hat das Baby schon angefangen zu wachsen. Nach insgesamt ungefähr 39 Wochen, also neun Monaten, in der Gebärmutter ist es groß genug geworden und bereit, den Bauch der

Mutter durch die Scheide zu verlassen: Es wird geboren – hinein ins Leben!

Willi: Herr Doktor Klapperstorch, ich danke Ihnen für dieses Gespräch.

Was ist, wenn ein Baby im Bauch mal muss?

Janina aus Lüdenscheid

Das Baby, das im Bauch der Mutter erst *Embryo* und dann, ab der neunten Woche, *Fötus* genannt wird, schwimmt im Fruchtwasser. Durch das Fruchtwasser ist es – wie in einem mit Wasser gefüllten Luftballon – bestens gegen Stöße und Erschütterungen von außen geschützt. Irgendwann fängt das Ungeborene an, dieses Fruchtwasser auch zu trinken. Und wer trinkt, muss auch mal müssen, ganz klar. Ohne Ausnahme. Weil das Baby im Mutterleib noch keine Windel anhat und es dort auch kein Klo gibt, hilft nur eins: laufen lassen!

Der Fötus pinkelt in das Fruchtwasser, das er auch trinkt. So trainiert er Nieren und Blase. Klingt eklig, ist aber ganz normal. Und das Baby produziert nur ganz wenig Urin, der vom Fruchtwasser stark verdünnt wird. Zwischen Mutter und Kind gibt es so etwas wie eine »Verbindungstüre«, den *Mutterkuchen*. Er versorgt das Baby über die Nabelschnur mit Nährstoffen und allem, was es zum Großwerden braucht. Außerdem filtert der Mutterkuchen mögliche Giftstoffe aus dem Fruchtwasser heraus, die die Mutter dann über ihre Blase auf dem Klo entsorgt. Weil das Fruchtwasser alle paar Stunden komplett ausgetauscht und erneuert wird, müssen schwangere Frauen besonders oft auf die Toilette. So hat das Baby immer schönes frisches Fruchtwasser zur Verfügung. Da macht's auch nichts, wenn es manchmal ein bisschen reinpieselt. Jeder von uns hat also schon mal – naja – sein eigenes verdünntes Pipi getrunken.

Was größere Geschäfte angeht: Die macht das Baby normalerweise nicht im Bauch der Mama. Das geht erst los, wenn es auf der Welt ist.

Zu welchem Land gehört ein Kind, das zum Beispiel auf einer Flugreise zur Welt kommt?

Stefan aus Bergisch-Gladbach

Ein kompliziertes Thema! Jedes Land hat seine eigenen Regelungen, wie man an Pass und Staatsangehörigkeit kommt. Es gibt Ausnahmen, Bedingungen, Voraussetzungen ... Ich jedenfalls bin in Marburg im Bundesland Hessen in Deutschland geboren, meine Eltern haben deutsche Pässe. Deshalb hab auch ich die deutsche *Staatsbürgerschaft* und einen deutschen Reisepass. Das ist ziemlich eindeutig – und ziemlich langweilig. Wenn die Eltern bei der Geburt eines Kindes aber gerade auf Reisen sind, dann sieht das schnell nicht mehr so eindeutig aus.

Jedes Land hat seine eigenen Gesetze und Regeln. Darum können wir uns nur ein paar Beispiele anschauen.

Ich habe mit dem Bundesinnenministerium telefoniert und erfahren: Für Deutschland gilt das *Abstammungsprinzip*, das sich nach den Eltern richtet. Sind Mutter oder Vater deutsche Staatsbürger, bekommt das Baby automatisch auch einen deutschen Pass. Egal, wo auf der Welt es geboren wird. Wenn das Kind in Deutschland auf die Welt kommt, beide Eltern aus anderen Ländern stammen, aber mindestens ein Elternteil schon seit acht Jahren in Deutschland lebt, bekommt das Baby auch einen deutschen Pass. Darüber hinaus kriegt es oft auch den Pass aus dem Heimatland der Eltern. Das nennt man *doppelte Staatsangehörigkeit* oder *Mehrstaatigkeit.* Wenn das Kind später 18 Jahre alt wird, muss es sich entscheiden, welchen Pass es behalten will.

Neben dem Abstammungsprinzip gibt es noch das sogenannte *Geburtsortprinzip*. Es besagt: Das Baby bekommt den Pass des Landes, auf dessen Boden es geboren wurde. Das gilt beispielsweise in Amerika und Kanada. Dass ein Kind im Flugzeug zur Welt kommt, ist extrem unwahrscheinlich. Fluglinien lassen hochschwangere Frauen nämlich normalerweise gar nicht erst einsteigen, damit es unterwegs nicht zu Schwierigkeiten kommt.

Passieren kann so eine Geburt über den Wolken aber trotzdem, wie der Fall der kleinen Sasha vom Silvestertag 2008 zeigt. Ihre Mutter stammt aus Uganda in Afrika und war im Flugzeug von Europa nach Amerika unterwegs. In 10.000 Metern Höhe über der Ostküste von Kanada setzten überraschend die Wehen ein – die kleine Sasha wollte früher raus als geplant. Zwei zufällig mitfliegende Ärzte brachten sie zur Welt. Weil das alles im Luftraum über dem Staatsgebiet von Kanada passierte, wurde Sasha zur kanadischen Staatsbürgerin erklärt. Wahrscheinlich hat sie zusätzlich noch einen Pass aus Uganda, dem Heimatland ihrer Mutter.

Wann feiert jemand Geburtstag, der am 29. Februar geboren ist?

Lilly aus Espenau

Das Jahr hat 365 und der Februar 28 Tage. Normalerweise. Alle vier Jahre ist das aber anders: Dann hat der Februar 29 und das Jahr 366 Tage. Das nennt man ein Schaltjahr. Natürlich gibt es Menschen, die ausgerechnet in einem Schaltjahr und dann ausgerechnet auch noch am 29. Februar auf die Welt kommen. Werden die dann viel langsamer alt, weil sie nur alle vier Jahre Geburtstag haben? Kriegen die viermal weniger Geschenke?

Natürlich nicht! Auch Schaltjahr-Kinder feiern jedes Jahr. Weil Geburtstage vorzufeiern angeblich ja Unglück bringt, steigt die Party normalerweise am 1. März. Und alle vier Jahre, wenn es wirklich einen 29. Februar gibt, fällt das Fest wahrscheinlich besonders rauschend aus.

Aber wie ist das eigentlich mit den Schaltjahren? Wozu gibt es die? Ein Tag hat 24 Stunden, weil die Erde 24 Stunden braucht, um sich einmal komplett um sich selbst zu drehen. Die Erde braucht 365 Tage, um einmal die Sonne zu umkreisen. Dann beginnt eine neue Runde – und für uns ein neues Jahr.

Dass die Erde 365 Tage braucht, um auf ihrer Umlaufbahn einmal die Sonne zu umrunden, haben schon die Alten Griechen vor mehr als 2.000 Jahren herausgefunden. Leider braucht sie aber nicht exakt 365 Tage, sondern ein bisschen mehr. Ganz genau: 365 Tage, 5 Stunden, 48 Minuten und 47 Sekunden, also ungefähr 365 plus einen Vierteltag.

Damit sich die Jahreszeiten nicht im Laufe der Zeit immer ein kleines bisschen weiter verschieben und der

Frühling irgendwann im Dezember anfängt, hatte der römische Feldherr Julius Cäsar die Idee, einfach alle vier Jahre einen extra Tag dazwischenzu*schalten*. Vier Vierteltage ergeben ja schließlich einen ganzen. So entstand der *Julianische Kalender* mit Schaltjahr.

Weil sich über viele Jahre gesehen schon Sekunden auswirken, ist die Rechnung »ein Vierteltag mehr« viel zu grob. Außerdem stimmten die Berechnungen im Julianischen Kalender um ein paar Minuten und Sekunden nicht. Deshalb wurde er 1582 von dem nach Papst Gregor benannten *Gregorianischen Kalender* abgelöst. Der gilt noch heute fast überall auf der Welt. Da haben schon sehr früh sehr schlaue Menschen in die Sterne geschaut und viel herumgerechnet.

Verwirrung in der Schalt-Zentrale!

Welche Jahre wirklich Schaltjahre sind, ist heute ziemlich kompliziert: Ein Jahr ist ein Schaltjahr, wenn sich die Jahreszahl ohne Rest durch 4 teilen lässt. Allerdings sind die Jahre, die sich ohne Rest durch 100 teilen lassen, keine Schaltjahre. Die Ausnahme sind Jahre, die sich durch 400 teilen lassen. Die sind nämlich doch wieder Schaltjahre. Alles klar? Ich kenn mich nicht mehr aus …

Versuchen wir's mit einem Beispiel: Das Jahr 2000 war durch 4 teilbar, demnach ein Schaltjahr. Es war aber auch durch 100 teilbar, deshalb wiederum kein Schaltjahr. Andererseits ist 2000 aber auch durch 400 teilbar, also wurde am Ende doch geschaltet. Die Ausnahme von der Ausnahme machte das Jahr 2000 dann doch noch zum

Schaltjahr. Das Jahr 1900 dagegen war kein Schaltjahr, weil 1900 nicht durch 400 geteilt werden kann. Aus genau diesem Grund wird auch 2100 kein Schaltjahr sein.

! ***Rechnet mal nach:*** Die nächsten Schaltjahre sind 2012, 2016, 2020, 2024, 2028 … 2096, 2104, 2108. Wenn sich bis dahin die Ausnahmen von den Ausnahmen nicht wieder ausnahmsweise geändert haben. Für alle Schalttag-Geburtstagskinder und ihre Freunde heißt das: Das nächste ganz große Fest gibt's am 29. Februar 2012. Das solltet ihr euch jetzt schon mal dick und rot im Kalender anstreichen.

Alles Gute! Gute Frage!

Wie gehen Astronauten aufs Klo?

Lisa aus Altburg

Astronauten sind ganz normale Menschen. Darum gehen sie aufs Klo wie ihr und ich. Wobei, für Astronauten sind einfache Dinge schnell ganz schön kompliziert. Auf der Erde gibt es die *Erdanziehungs-* oder *Schwerkraft*: Sie verhindert, dass wir ins Weltall hinausschweben. Nur durch sie fallen Dinge auf den Fußboden, wir können auf der Erde rumlaufen, und überhaupt macht die Schwerkraft unser Erdenbürgerleben erst möglich. Diese Kraft zieht wie ein gigantischer Magnet alles in Richtung Erdmittelpunkt (Wie? Das könnt ihr auf Seite 220 nachlesen). Im All gibt es sie nicht, dort herrscht *Schwerelosigkeit*.

Wenn der Astronaut da ganz normal wie zu Hause aufs Klo ginge, würde natürlich alles im Raumschiff herumschweben: das Wasser, das Klopapier, er selbst – und natürlich auch alles, was ins Klo gehört. Eklig. Unpraktisch. Funktioniert nicht.

Dr. Volker Sobick vom Deutschen Zentrum für Luft- und Raumfahrt hat mir erklärt, wie's wirklich geht: Unter der Klobrille im Raumschiff ist eine Art Spezialstaubsauger eingebaut, der das »Geschäft« sofort einsaugt. Die Öffnung ist nicht so groß wie unsere Kloschüsseln, sondern nur ungefähr wie ein Bierdeckel. Da genau reinzutreffen müssen die Astronauten vor ihrem Abflug ins All richtig üben. Weil sich ohne Schwerkraft auch niemand stabil aufs Klo setzen kann, klemmen sich Astronauten mit zwei Bügeln am Weltraumklo fest. Erst wenn die eingerastet sind, fängt der Sauger an zu saugen. Kleine Geschäfte machen Astronauten in eine Art Staubsaugerrohr, das spezielle Aufsätze für Männer und Frauen hat – je nachdem. Für Weltraumspaziergänge außerhalb des Raumschiffs bleibt den Astronauten nichts anderes übrig, als sich eine Windel anzulegen.

Wasser ist ziemlich kostbar im Weltall, denn der Vorrat für die ganze Reise muss extra von der Erde mitgebracht werden. Im All gibt's schließlich keinen Wasserhahn! Deshalb werden nicht nur die Luftfeuchtigkeit und das Wasser aus der Atemluft gesammelt, sondern auch der Urin wieder aufbereitet. Das so gewonnene Wasser ist hinterher so sauber, dass man es sogar wieder trinken könnte. Weil das die Astronauten aber – verständlicherweise – nicht besonders gern mögen, wird aus diesem

Wasser meistens Sauerstoff hergestellt, den die Astronauten atmen. Aber keine Sorge, es stinkt nicht im Raumschiff! Dickes aus dem Weltraumklo wird getrocknet und später mit auf die Erde gebracht.

Können Astronauten im Weltall duschen?

Nein. Es gab zwar früher mal Experimente mit Duschen in Raumschiffen, das war aber immer eher eine Sauerei als eine Sauberei. Wassertropfen machen in der Schwerelosigkeit, was sie wollen: in die Nase und die Ohren fliegen zum Beispiel, und wenn's dumm läuft, auch in die teuren Messgeräte. Deshalb: Keine Duschen mehr im Weltraum! Natürlich können sich Astronauten aber frisch machen – auf so engem Raum müssen sie sich schließlich wirklich riechen können. Sie benutzen dazu große *Waschtücher* mit Trockenseife drin, mit denen sie sich abreiben, und Frischetücher für den guten Geruch. Zum Haarewaschen gibt's Trockenshampoo: einreiben, mit dem Handtuch rausrubbeln, fertig. Astronauten und auch Astronautinnen sagen: Das funktioniert prima und ist eine saubere Angelegenheit. Zähneputzen sieht aus wie bei uns auf der Erde, allerdings gibt es essbare Zahnpasta, die die Astronauten hinterher runterschlucken können.

Willis Wissen: Im All ist alles anders! Was herumfliegen könnte, wird abgesaugt. Das gilt besonders für den Kloinhalt. Das wichtigste Ziel heißt: Wasser sparen. Flüssiges aus dem Klo wird wieder in Wasser umgewandelt.

Geduscht wird überhaupt nicht. Dafür gibt's Frischetücher, Trockenshampoo und essbare Zahnpasta.

Warum haben Menschen verschiedene Augenfarben?

Jannis aus Dortmund

Fast alle Menschen haben blaue Augen! Zumindest als Baby. Babyaugen sind sehr hell und sehen meistens blau aus. Manche Menschen behalten die blauen Augen ein Leben lang, bei anderen verfärben sie sich ziemlich bald nach der Geburt zu braun, grau oder grün.

Das Geheimnis liegt – wie auch bei der Haarfarbe und der Hautfarbe – im Farbstoff *Melanin*, der im Körper selbst hergestellt wird. Die Pupille in unseren Augen ist umgeben von der *Iris*, die man auch *Regenbogenhaut* nennt. Der Sage nach hieß die Göttin des Regenbogens Iris, daher hat die Regenbogenhaut ihren Namen. Regenbogen hat meistens was mit Farbe zu tun. Genau: Wie viele und welche Farbteilchen oder *Pigmente* sich auf der Iris festgesetzt haben, bestimmt die Augenfarbe. Das wichtigste Pigment ist das Melanin. Je mehr Melanin, desto dunkler wird das Auge. Die Augenfarbe setzt sich immer aus verschiedenfarbigen kleinen Farbsprenkeln zusammen, die das Auge insgesamt braun, blau, grün oder grau aussehen lassen. Mischungen gibt's auch. Warum die Iris aber manchmal hellblau, manchmal grüngrau, blaugrau oder graubraun oder braungrün ist, ist noch nicht genau erforscht. Man weiß nur, dass die Augenfarbe im genetischen »Bauplan« jedes Menschen festgelegt ist.

Die Iris regelt, wie viel Licht ins Auge kommt. Und das Melanin auf der Iris schützt das Auge vor dem Licht. Wer oft starker Sonneneinstrahlung ausgesetzt ist, stellt im Körper viel Melanin her. Deshalb haben die Menschen in Afrika zum Beispiel meistens dunkle Haut, dunkle Haare und auch dunkle Augen. Ihre Augen sind meistens braun und können fast schwarz werden. Bei uns in Europa scheint die Sonne dagegen (leider!) nicht so oft und stark. Deshalb haben die Menschen hier hellere Haut, blonde Haare und blaue oder grüne Augen. Grüne, hellgraue und blaue Augen sind lichtempfindlicher als dunkle. Lest dazu auch das Kapitel über die Hautfarben auf Seite 205.

Willis Wissen – genau hingeschaut: Die Farbe von Augen, Haut und Haaren hängt zusammen. Verantwortlich ist immer vor allem der Farbstoff Melanin. Je dunkler die Augenfarbe, desto unempfindlicher ist das Auge gegen Licht.

Wozu braucht der Opa ein Grab auf der Erde, wenn er doch im Himmel wohnt?

Julian aus Erlangen

Pflanzen, Tiere, wir Menschen: Was lebt, muss irgendwann sterben. Der Tod gehört zum Leben und ist ganz normal. Man muss keine Angst vor ihm haben. Trotzdem

tut es weh und ist schwer zu verstehen, wenn jemand stirbt, den wir gut gekannt und gern gemocht haben. Es bedeutet: Dieser Mensch ist weg und kommt nie wieder. Jeder Verlust einer lieben Person schmerzt, und das darf er auch. Tränen und Trauer sind wichtig und helfen, irgendwann besser mit dem Verlust klarzukommen. Nützlich auch: darüber reden! Was war toll am Opa? Was habt ihr zusammen erlebt? Warum fehlt er dir? Worüber habt ihr gemeinsam gelacht?

Das Grab ist ein wichtiger Ort der Trauer. Es ist ein fester Ort, an den Angehörige und Freunde kommen können, um sich an den Verstorbenen zu erinnern. Ein Ort, der für immer fest mit dem Opa verbunden ist. Das Grab ist ein kleines *Denkmal* für den Toten, man kann ihm nah sein, ihm Blumen vorbeibringen, über alte Erinnerungen schmunzeln oder erzählen, wie's heute in der Schule war: Fast alles ist erlaubt! Auf dem Friedhof sind viele Gräber, und jeder

geht anders mit dem Verlust eines lieben Menschen um. Deshalb darf auf dem Friedhof jeder ruhig, für sich und ungestört zurückdenken.

Ein *Friedhof* heißt so, weil dort die Toten in *Frieden* ruhen und die Angehörigen *fried*lich trauern dürfen. Eigentlich kommt das Wort aber vom *umfriedeten*, also eingezäunten Bereich. Die Mauern außenrum trennen das heilige Reich der Toten von dem der Lebenden. Das hatte in früheren Zeiten auch ganz praktische Gründe: Wenn in einer Stadt eine Krankheit wie die Pest ausbrach, war die Gefahr groß, dass herumliegende Tote die noch gesunden Bewohner ansteckten. Darum brachte man die Toten in einem abgetrennten Bereich unter die Erde und rettete damit vielen Menschen das Leben.

Zur Trauer um einen Menschen gehört auch die *Hoffnung*: Die Hoffnung, dass es dem Verstorbenen besser oder mindestens genauso gut geht, dort, wo er jetzt ist. Wo das ist und wie's da aussieht, wissen wir nicht. Es ist noch niemand zurückgekommen. Deshalb bleibt uns nur der Glaube, dass es die Verstorbenen dort gut haben.

Das, was nach dem Tod kommt, stellen sich die verschiedenen Religionen ganz unterschiedlich vor. Ich habe mich ein wenig umgehört:

Christlicher Glaube

Peter Heimann aus Dachau kümmert sich im Auftrag der katholischen Kirche um Angehörige von Verstorbenen. Er sagt: »Wir Christen glauben, dass der Opa zunächst einmal ganz stirbt, also der Körper, und mit seiner Seele auch die ›Lebensgeister‹.« Das ist aber nicht so furchtbar, wie es klingt, weil die Christen auf Gott vertrauen: Gott selbst wird den Verstorbenen an die Hand nehmen und ins ewige Leben führen. So wie er es schon mit seinem geliebten Sohn Jesus gemacht hat. Christen legen ihre ganze Hoffnung in Gott, der die ganze Welt erschaffen hat, auf der wir leben und auch irgendwann sterben. Wenn's also einer kann, dann der liebe Gott! Wie das ewige Leben an der Seite Gottes aussieht, wissen wir natürlich nicht. Wir stellen es uns wunderbar vor, als *Paradies*. Dort hat der Opa garantiert alles, was er braucht, und hoffentlich noch viel mehr. Diese Hoffnung und dieses tiefe Vertrauen in den lieben Gott trösten uns über den Verlust eines lieben Menschen auf der Erde hinweg.

Judentum

Rabbiner Steven Langnas aus München erklärt den Tod im jüdischen Glauben so: Der Mensch besteht aus einem Körper und einer Seele, die von Gott kommt. Tod bedeutet, dass sich Körper und Seele voneinander trennen. Die Seele geht zurück zu ihrer göttlichen Quelle, und der Körper wird beerdigt, damit er zurück zur Erde gelangt, wo er ursprünglich herkam. Für Juden ist die *Seele* ein »Funke der Göttlichkeit«, also ein kleiner Teil vom lieben Gott. Ihr könnt euch das wie eine Kerzenflamme vorstellen, die unendlich viele andere Kerzen anzünden kann, ohne dass sie selbst weniger wird. Das ist der liebe Gott. Durch den Tod kommt die Seele heim zu ihrer himmlischen Quelle und beginnt einen neuen Lebensabschnitt ohne Schmerzen und Leiden. Für uns ist der Tod ein Verlust, aber für den Toten selbst ein Gewinn. Ihm geht es besser!

Buddhismus

Die Buddhistin Dr. Andrea Liebers erklärt den Tod aus ihrer Sicht: Buddhisten glauben an Wiedergeburt oder *Reinkarnation*. Nach buddhistischem Glauben bleibt nur der alte und verbrauchte Körper vom Opa im Grab auf der Erde zurück. Sein *Bewusstsein*, also alles, was den Opa ausgemacht hat und zum liebenswerten Menschen werden ließ, ist längst auf dem Weg in sein neues Leben. Das Opa-Bewusstsein wird als neuer Mensch oder als neues Tier wiedergeboren und verliert dabei alle Erinnerungen an das Leben davor. Es gibt sogar eine klitzekleine Chance, als Halbgott oder Gott wiedergeboren zu werden. Die Buddhisten glauben nämlich an viele verschiedene Götter. Entscheidend dafür, als was und wo jemand im nächsten Leben wiedergeboren wird, ist sein heutiges Leben. Für den Opa heißt das: Wenn er in seinem Leben viel Gutes getan, anderen Menschen geholfen hat und großzügig war, dann wird er es im nächsten Leben sicher schön haben!

Das hört sich für mich alles ziemlich gut und hoffnungsvoll an. Wer ein gutes und erfülltes Leben auf der Erde hatte, darf auch darauf hoffen und vertrauen, dass es nach dem Tod gut oder sogar noch besser weitergeht. Davon unabhängig bleibt der Opa,wie alle anderen Verstorbenen, für Freunde und Verwandte auf der Erde ein Verlust, über den man traurig sein darf und auch sein soll. Mit Zeit, Geduld und guten Gesprächen wird der Schmerz langsam leichter. Irgendwann erinnert man sich dann vor allem an die vielen tollen und lustigen Stunden, die man gemeinsam erlebt hat. Ganz bestimmt!

Willis Wissen: Der Tod gehört zum Leben und ist doch so traurig. Manchen hilft das Grab als Ort des Erinnerns, anderen helfen Tränen und Gespräche. Wichtig ist der feste Glaube daran, dass es der Verstorbene nach dem Tod gut oder – noch besser – besser hat.

Willi, kriegst du bei *Willi wills wissen* echten Tapetenkleister über den Kopf?

Jonas aus Hasselroth

Das war echt echter Kleister, jawohl! Eine ganz schöne Sauerei, sag ich euch. Aber was mach ich nicht alles, um für *Willi wills wissen* – oder besser gesagt: für euch! – rauszufinden, wie die Dinge funktionieren? Da muss man seine neugierige Reporternase auch mal in weniger schöne Dinge stecken. Oder klebrig-kleistrige Eimer voll pappender Pampe über sich ausschütten lassen. Macht das bloß nicht nach! Wenn ihr bei der nächsten Folge von *Willi wills wissen* genau aufpasst, werdet ihr auch sehen, dass ich mir aus alter Zeitung extra einen »Malerhut« gebastelt habe, damit die Schweinerei meine Haare nicht direkt trifft.

Mein Kollege Armin hat mir außerdem mit ordentlich Klebeband eine Folie um den Bauch geklebt. So waren wenigstens meine Hose und die Teile von mir, die die Kamera nicht »sehen« konnte, vor dem Kleister sicher. Ja, und dann kam das Kommando »Kamera läuft!« – und bevor ich »Stopp!!« rufen konnte, ging der riesige *Platsch* voller Tapetenkleister auf mich nieder.

Ich bin danach sofort zum nächsten Waschbecken gesprintet und hab mir, glaub ich, viermal hintereinander die Haare gewaschen. Naja, wir hatten keine richtige Dusche in der Nähe. Egal, bloß den Kleister nicht trocknen lassen! Haargel klebt ja auch und ist meistens noch ganz lässig anzusehen. Ich denke aber, getrockneter Tapetenkleister in den Haaren ist absolut keine gute Idee, und sieht wahrscheinlich ziemlich doof aus.

Warum sind die Kinder in Afrika dunkelhäutig und wir nicht?

Sharina aus Aschaffenburg

Die Farbe der Haut hängt von der Zahl der Farbkügelchen ab, den *Pigmenten*. Je mehr Farbkügelchen in der Haut sind, desto dunkler ist sie. Der wichtigste Farbstoff im menschlichen Körper ist *Melanin*. Er bestimmt auch die Farbe der Haare und der Augen (das steht im Kapitel über die Augenfarben auf Seite 198). Die Farbpigmente in der Haut sind die eingebaute Sonnenmilch des Körpers: Sobald die Haut viel Sonne abbekommt, wandern viele

Farbkügelchen vom Blut in die äußersten Hautschichten, um sie zu schützen. Darum kommt ihr vom Sommerurlaub am Strand schön braun zurück.

Über viele Jahrhunderte hat sich die Haut an die Umgebung angepasst, in der wir leben. In Afrika scheint oft die Sonne, also ist die Haut immer gut geschützt und braun. Bei uns scheint die Sonne nicht so oft, deswegen werden wir nur braun, wenn wir uns in der Sonne aufhalten – und sind sonst eher hell.

In der Haut gibt es die *Melanozyten*. Das sind Zellen, die die Pigmente herstellen. Die Pigmente sitzen wie ein Sonnenhut über dem Zellkern. Dadurch ist die DNA, also die Erbinformation, im Zellkern geschützt. Die Pigmente lassen die Haut braun werden und schützen sie vor den gefährlichen UV-Strahlen der Sonne. Je mehr Sonne auf unsere Haut trifft, desto mehr Pigmente bilden die Melanozyten.

Wie viel Pigmente die Haut herstellen kann, also wie fit die pigmentbildenden Zellen sind, ist schon bei der Geburt im Bauplan, also den *Genen*, jedes Menschen festgelegt und wird vererbt. Wenn die Eltern eher helle und damit schlechter gegen Sonne geschützte Haut haben, ist das bei den Kindern auch so.

Neben den Pigmenten hat unsere Haut noch eine zweite Sonnenschutzfunktion: Bei Menschen, die sehr viel und sehr lange draußen in der Sonne sind, bildet sich die sogenannte *Lichtschwiele*. Sie ist eine besonders dicke, äußere Hautschicht, die mehr Sonnenstrahlen zurückwirft als normale Haut. So ist die Haut doppelt gegen gefährliche UV-Strahlen geschützt. Die Lichtschwiele können wir mit bloßem Auge nicht sehen.

Also noch mal: Die Haut ist durch Pigmente und Lichtschwiele ziemlich gut gegen die Sonne geschützt. Bis sich der natürliche Schutz aufbaut, dauert es aber. Ein Tag am Strand reicht auf keinen Fall. Deshalb: Immer gut eincremen!

Hell? Dunkel? Hauptsache farbenfroh!

Wir Menschen sind entfernt mit den Schimpansen verwandt. Schimpansen haben eine helle Haut und dunkle Haare drüber. Unsere direkten Vorfahren haben ihr Fell mit der Zeit langsam verloren und waren schließlich nackt. Weil sie in Afrika gelebt haben und immer draußen waren, hat die Haut ihre geniale Sonnenschutzfunktion entwickelt. Die Haut gewöhnte sich an die Sonne und wurde immer dunkler. Der Melanin-Sonnenschirm der Haut funktioniert so gut, dass Afrikaner fast nie einen Sonnenbrand bekommen.

Irgendwann sind einige unserer Vorfahren nach Norden gewandert und haben sich zum Beispiel in Europa niedergelassen. Wie ihr wisst, scheint bei uns die Sonne nicht immer. Deshalb stellen die Melanozyten auch weniger Pigmente her. Und auch eine ordentliche Lichtschwiele fehlt den meisten von uns. Unsere Haut hat sich über die vielen Jahre eben auch hier angepasst: nicht wie damals in Afrika an viel Sonne, sondern an wenig Sonne bei uns in Europa. Welchen Vorteil die helle Haut in weniger sonnigen Gegenden hat, weiß man nicht ganz sicher. Ein möglicher Grund: Wenn dunkle Haut nicht genügend Sonne abbekommt, hat sie Probleme, das zum

Beispiel für die Knochen wichtige *Vitamin D* herzustellen. Darum macht es vielleicht Sinn, dass Menschen in kühleren Gegenden hellere Haut haben. Natürlich können auch Menschen mit heller Haut in sehr sonnigen Ländern leben und umgekehrt. Die einen müssen ihrem dunklen Körper übers Essen künstlich Vitamin D spendieren, die anderen mit hellerer Haut schützen sich künstlich vor zu viel Sonne: mit reichlich Sonnenmilch, Sonnenhut und Sonnenschirm.

☞ ***Übrigens:*** Im Bauch der Mama scheint natürlich keine Sonne. Deshalb sind afrikanische Babys bei der Geburt sehr viel heller als ihre Eltern oder großen Geschwister. Erst durch die Sonne werden ihre leistungsfähigen pigmentbildenden Zellen aktiviert.

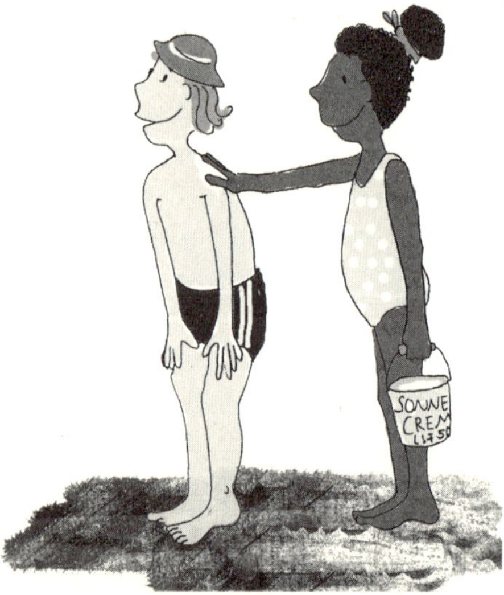

Willis Wissen – lass die Sonne rein: Die Sonne beeinflusst die Hautfarbe. Dunkle Haut ist von Natur aus viel besser gegen schädliche UV-Strahlen geschützt. Deshalb sind Menschen im sonnigen Afrika im Durchschnitt sehr viel dunkler als wir im oft schattigen Deutschland. Das Farbpigment Melanin schützt die Haut. Wie viele Pigmente unsere Haut herstellen kann, bekommen wir von unseren Eltern vererbt. Es gilt: viel Melanin = dunkle Haut.

Warum ist man nur kitzlig, wenn man gekitzelt wird? Und wo bist du kitzlig, Willi?

Natalie und Katharina aus Neukeferloh

Also der zweite Teil der Frage ist ganz einfach zu beantworten: Ich bin überall genau da kitzlig, wo ihr auch kitzlig seid! Jeder Mensch ist nämlich kitzlig, einer mehr, der andere weniger. Und das ist auch gut so. Das Kribbeln ist nämlich ein Alarmsignal des Körpers. Sensoren unter der Haut melden über die Nervenbahnen blitzschnell ans Gehirn: »Achtung, da ist etwas los! Bitte nachprüfen!« Das Großhirn ist in Alarmstellung und wertet das Signal zunächst einmal als unerwarteten, unbekannten Angriff von außen. Besonders kitzlig sind deshalb auch sehr empfindliche und schutzbedürftige Körperteile wie die Fußsohlen oder der Bauch mit seinen vielen wichtigen Organen.

Der Kitzelreiz versetzt den ganzen Körper schlagartig in Aufregung. Es könnte schließlich sein, dass gerade eine Wespe über unsere Fußsohle spaziert und gleich zustechen will, eine Hornisse oder sogar eine Schlange. Die erste reflexartige, also nicht kontrollierbare Reaktion: Wir ziehen den Fuß zurück und versuchen, den Angreifer abzuschütteln.

Warum wir auf Kitzelattacken trotz der möglichen Gefahr meistens mit lautem Lachen reagieren, ist nicht vollständig erforscht. Wahrscheinlich hat unser Gehirn einfach gelernt, dass die meisten Kitzeleien nicht gefährlich sind, sondern nett gemeint und von Menschen kommen, die wir gerne mögen. »Freundliche« Kitzelattacken empfinden wir als schön oder zumindest als schaurig-schön. Das kann sich allerdings schnell ändern, wenn wir zum Beispiel unseren Fuß nicht wegziehen können, sobald es zu viel wird. Dann kann Kitzeln schnell richtig schmerzhaft werden. Im Mittelalter wurden gefesselte Menschen bewusst gekitzelt – eine grausame Folter!

Warum können wir uns nicht selber kitzeln?

Das Kitzelgefühl ist, wie gesagt, ein Alarmsignal, das von den Sensoren der Haut ans Großhirn weitergegeben wird. Wenn wir uns selbst kitzeln, schaltet sich aber das Kleinhirn dazwischen und gibt Entwarnung. Das Kleinhirn ist nämlich für unsere Bewegungen verantwortlich und weiß genau, dass wir gerade den Zeigefinger Richtung Hüfte ausgefahren haben, um uns selber zu kitzeln. Es berechnet, wann der Finger auf die Haut trifft, fängt die

Alarmsignale von den Hautsensoren ab und meldet dem Großhirn: Entspann dich, kein Angriff von außen, keine Gefahr!

Der Sinn dahinter ist, dass das Hirn ständig unglaublich viele Informationen verarbeitet und gleichzeitig wissen muss, welches davon die wichtigen sind. In diesem Fall gibt das Kleinhirn Entwarnung: Selberkitzeln ist harmlos, ungefährlich und damit unwichtig. Das Großhirn beachtet das Signal also nicht, sondern kümmert sich lieber um dringendere Dinge. Sonst ist es das Kleinhirn, das uns den Spaß verdirbt.

Willis Wissen: Kitzeln versetzt uns schlagartig in Alarmbereitschaft. Das Gehirn unterscheidet zwischen »freundlichem« (Kitzelattacke von Freunden) und »feindlichem« Angriff (Wespe, Schlange). Einen »Selbstangriff« dagegen wertet das Gehirn als uninteressant. Die Spaßbremse heißt Kleinhirn.

Willis NATÜRLICHES Wissen

»Warum ist die Erde rund?«
»Warum ist der Himmel blau?«
»Wie misst man die Höhe eines Berges?«

Woher weht der Wind?

Michel aus Erfurt

Wind ist Luft, die sich bewegt. Die Hauptrolle dabei spielt die Temperatur der Luft. Ein *Heißluftballon* macht sich das zunutze: Heiße Luft steigt nach oben und nimmt dabei den Ballon einfach mit auf die Reise – daher der Name.

Warum steigt heiße Luft? Luftteilchen, die warm werden, dehnen sich aus. Jedes einzelne braucht also mehr Platz. Wie wenn ihr schlaffe Luftballons in einer Kiste habt und die dann aufblast: Wo sich vorher viele schlaffe Ballons gedrängt haben, passen jetzt nur noch wenige von den aufgeblasenen rein. So ist das auch mit den Luftteilchen: wenige dicke, warme brauchen mehr Platz als schlanke kalte. Warme Luft wird dünner und leichter, weil weniger einzelne Luftteilchen auf der gleichen Fläche verteilt sind (denkt an die Kiste!).

Die warmen Luftteilchen schweben nach oben und ziehen sofort einen Strom von kleineren, kühlen Luftteilchen nach, die den frei gewordenen Platz einnehmen. Irgendwann geht es für die warme Luft aber nicht mehr weiter, weil es weiter oben wieder kühler wird. Das kennen wir vom Bergsteigen: Auf dem Gipfel ist es frischer als im Tal. Für die aufsteigende warme Luft bedeutet das: Irgendwann ist sie so weit oben, dass es außenrum so kalt geworden ist, dass sie sich dadurch selbst auch wieder abkühlt. Abkühlung heißt: Rückreise nach unten. Diese ständige Bewegung und der Ausgleich von warmen und kalten Luftschichten bezeichnen wir als *Wind*.

Mission: Heiße Luft!

Wie wird Luft heiß gemacht? Ganz klar: Im Kleinen funktioniert das zum Beispiel durch die Heizung, einen Kachelofen oder eine Kerze. Draußen in der Natur ist für die Erhitzung hauptamtlich die Sonne verantwortlich. Sie ist das größte Heizkraftwerk, das wir haben. Die Sonne erwärmt aber nicht alle Bereiche der Erde gleichmäßig. Festland heizt sich zum Beispiel grundsätzlich schneller auf als Wasser, dafür kann Wasser Wärme besser speichern. Im Sommer wird das Festland schneller heiß, und vom Meer fließt kalte Luft nach. Es entsteht die »steife Brise« vom Meer in Richtung Küste. Da das Meer Wärme aber besser speichern kann, weht der Wind im Winter eher andersherum, nämlich aufs Meer hinaus. An der Grenze von großen Wasserflächen und großen Landflächen entstehen deutliche Temperaturunterschiede, deshalb weht der Wind an den Küsten meistens relativ stark. Je größer die Differenzen, desto kräftiger pfeift's.

Der Äquator, also der »Regenwaldgürtel« rund um den dicken Kugelbauch der Erde, kriegt sehr viel mehr Sonne ab als Nord- und Südpol. Kalte und warme Luft wird auch zwischen heißeren und weniger heißen Ländern ausgetauscht. Winde wehen über Länder, Meere und Erdteile hinweg. Rund um den Globus sind ständig riesige Luftmassen in Bewegung.

Zusätzlich zur Sonne, die für heiße Luft sorgt, wirbelt die Drehbewegung der Erde um sich selbst die verschiedenen Luftschichten ordentlich durcheinander. Verantwortlich ist die sogenannte *Coriolis-Kraft*: Die Erde dreht sich am Äquator schneller als am Nord- und Südpol. Die Luftschichten nehmen diese Geschwindigkeit an und ziehen weiter. Mit Äquatorgeschwindigkeit wirbeln sie in Richtung Nordpol, dabei dreht sich die Luft schneller als das Festland darunter. Das sorgt für zusätzliche Verwir(r)belung …

Willis Wissen: Die Sonne erhitzt die Luft, heiße Luftteilchen steigen nach oben, darunter fließen sofort kühlere nach. Oben kühlt die heiße Luft wieder ab, sinkt nach unten, und der Kreislauf beginnt von vorne. Der Austausch unterschiedlich warmer Luftschichten ist Wind.

Wie macht man aus Wind Strom?

Nils aus Bruck an der Leitha in Österreich

Wind hat eine irrsinnige Kraft. Er kann locker Bäume ausreißen, Autos durch die Gegend wirbeln und uns die Heimfahrt mit dem Fahrrad vermiesen, wenn er kräftig von vorne bläst. Die Idee, diese Kraft sinnvoll zu nutzen, ist nicht neu. Schließlich weht der Wind fast überall, Tag und Nacht, und ist noch dazu kostenlos zu haben!

Schon vor mehr als 1.000 Jahren sollen die ersten Windmühlen entstanden sein. Das Prinzip ist einfach: Der

Wind bläst von vorne auf die Flügel und treibt sie an. Das sich drehende Windrad wiederum treibt über verschiedene Umleitungen (über Zahnräder oder Lederriemen) die Mühlsteine im Inneren der Mühle an. Zwischen den Mühlsteinen wird Getreide zu Mehl gemahlen, aus dem später Brot gebacken wird. Der Wind weht sowieso, also kann er sich auch nützlich machen und mit anpacken. Ziemlich schlau!

Strom: Von der Meeresbrise in die Steckdose

Die Windräder, die heute überall in der Gegend rumstehen, sind hoch, schlank, meistens weiß und surren vor sich hin. Sie treiben keine Mühlsteine an, und in ihrem Inneren wohnt auch kein Müller. Diese Windräder sind dazu da, aus Wind Strom zu machen. Ist ja auch logisch: Fernseher, Computer, Kühlschränke, Mikrowellen – alles frisst Strom. Da macht es großen Sinn, den Wind bei der Stromherstellung mithelfen zu lassen. In Deutschland funktioniert das am besten an Nord- und Ostsee. Ob direkt am Ufer oder sogar draußen im Meer: Viele Windräder stehen dort in sogenannten Windparks beieinander. Schließlich bläst der Wind am Meer meistens ordentlich. Warum, steht auf Seite 216.

Also: Der Wind treibt das Windrad an, das bei modernen Windkraftanlagen *Rotor* heißt. Über ein paar Umleitungen übertragen die Rotorblätter die Windenergie auf einen *Generator* im Inneren des Windrads. Job des Generators ist es, Strom zu *generieren*, also zu erzeugen. Ein Generator funktioniert im Prinzip wie ein Fahrraddynamo, nur ein paar Nummern größer. Die Drehung, die der Wind oder beim Dynamo die Muskelkraft des Radlers erzeugt, treibt über weitere Umleitungen Magneten an. Diese Magneten werden sehr schnell an Kupferdrahtspulen vorbeibewegt. Durch den auf eine Spule gewickelten Kupferdraht, das Magnetfeld der Magneten und die Drehbewegung des Windes entsteht *elektrische Spannung*. Der »generierte« elektrische Strom fließt über Leitungen ins Stromnetz und kommt so irgendwann bei uns zu Hause in der Steckdose an.

Wind weht – Steckdose geht!

Wenn an der Nordsee der Wind pfeift, kann ich mir also in meinem Bad in München die Haare föhnen. Aber die Windenergie ist natürlich nicht die einzige Art, den vielen Strom zu erzeugen, den wir jeden Tag brauchen. Sonst würden wir bei Flaute ganz schön dumm aus der Wäsche schauen! Aber: Der Strom, den wir aus der kostenlosen Kraft der bewegten Luft gewinnen, ist besonders umweltfreundlich.

Immer mehr Windparks werden in Deutschland aufgebaut. Ideal sind richtig stürmische Standorte. Damit die Rotorblätter möglichst viel Wind abkriegen, der nicht an Häusern, Bäumen oder Büschen hängenbleibt, stehen die Windräder meistens auf dem freien Feld und sind ziemlich hoch – manche dieser Windkraftanlagen ragen mehr als 100 Meter in die Höhe. Fast immer haben sie drei einzelne Rotorblätter, von denen die allerlängsten selbst knapp 100 Meter lang sein können. Ein Computer richtet die Rotorblätter immer genau so aus, dass sie vollen Gegenwind haben. Auf diese Weise produzieren sie nämlich den meisten Strom.

Willis Wissen: Wind treibt die Rotorblätter einer Windkraftanlage an. Die Drehenergie wird auf einen Stromgenerator übertragen, der daraus mit Hilfe von Magneten und Kupferdrahtspulen Strom erzeugt. So wird aus Wind Strom.

Warum ist die Erde rund?

Nikolaus aus Graz in Österreich

Das Geheimnis liegt in der *Schwerkraft*, die auf der Erde auch *Erdanziehungskraft* heißt. Um die genau zu verstehen, müssen wir viele Jahre zurückschauen. Genauer gesagt 4,5 Milliarden, also 4.500.000.000 Jahre. Da soll nämlich die Erde entstanden sein. Wie's ganz genau gelaufen ist, weiß bis heute niemand. Es ist einfach zu lange her, und logischerweise war niemand von uns persönlich dabei.

Man geht davon aus, dass das Universum durch einen riesigen Knall, den sogenannten *Urknall*, entstanden ist. Dann war's erst einmal für ein paar Millionen Jahre wieder dunkel und ruhig. Irgendwann haben sich Teilchen gebildet. Staub, Steine, Gase und andere Materialien sind wild herumgewirbelt. Wie in einem Ring waberten die Gas- und Teilchenwolken um die Sonne. Immer öfter stießen dabei einzelne Teilchen zusammen und blieben aneinander kleben. Immer mehr und mehr. Wie an einem Schneeball, der einen verschneiten Abhang runterrollt.

Jeder Klumpen entwickelt *Schwerkraft*. Diese Kraft wirkt wie ein Magnet, der den Klumpen zusammenhält und immer mehr Teilchen anlockt. Die Schwerkraft zieht alles zum Mittelpunkt des Klumpens, der dadurch Schritt für Schritt zu einem richtig großen Klumpen oder *Planeten* wird. Je größer die Masse eines Planeten ist, desto stärker wirkt auch die Schwerkraft, die alles zum Mittelpunkt hin zusammenpresst. So formte sich über Jahrmillionen aus Staubteilchen und Felsbrocken unser Erdball.

Die Anziehung der Erde ist so stark, dass jedes Teilchen versucht, möglichst nah am Zentrum der Kraft zu sein, also am Erdmittelpunkt. Die *Kugel* ist deshalb die ideale Form für große Planeten mit starker Schwerkraft: Auf diese Weise kann jedes einzelne Teilchen so nah wie möglich am Mittelpunkt sein. Manche der Teilchen kommen zu spät und müssen sich mit einem Platz weiter außen begnügen. Kleinere Himmelskörper mit weniger starker Schwerkraft können auch eher wie eine Kartoffel aussehen oder wie eine Erdnuss, weil sie nicht alle Teilchen so superstark in die Mitte ziehen wie die Erde.

Vom Fußball zum Medizinball

Eine perfekte Kugel, schön rund wie ein Fußball, ist allerdings nicht einmal unsere Erde. Sie ist oben und unten, also an Nord- und Südpol, leicht platt gedrückt und sieht eher aus wie ein dicker Medizinball, den ihr aus dem Sportunterricht kennt. Das hat aber nicht mit fehlender

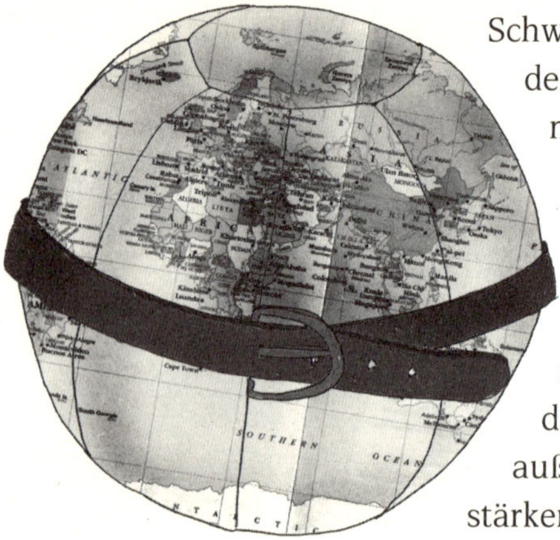

Schwerkraft zu tun, sondern mit einer anderen mächtigen Kraft: der *Fliehkraft* oder *Zentrifugalkraft*. Die kennt ihr vom Karussellfahren: Je schneller sich das Karussell dreht und je weiter außen ihr sitzt, desto stärker werdet ihr nach außen gedrückt. Sobald sich etwas dreht, wirkt die Fliehkraft gegen die Schwerkraft.

Die Erde dreht sich um sich selbst beziehungsweise um ihre eigene Achse. Denkt euch einfach eine Linie zwischen Nordpol und Südpol, dann habt ihr die *Erdachse*, um die sich die Erde entgegen dem Uhrzeigersinn dreht. Der *Äquator*, der gut 40.000 Kilometer lange Gürtel rund um den »dicken Bauch« des Erdballs, verläuft in der Mitte zwischen Nord- und Südpol und ist am weitesten von der Erdachse entfernt. Wenn ihr so wollt, »sitzt« der Äquator im Erdkarussell in der äußersten Reihe und wird deshalb von der Fliehkraft am weitesten nach außen gezogen. Darum ist die Erde an Nord- und Südpol ein bisschen platt und insgesamt keine perfekt runde Kugel.

Willis Wissen: Die Erde ist aus Staub, Gasen und Gesteinsbrocken entstanden, die sich zusammengepappt haben. Die Schwerkraft zieht alles zur Mitte hin und formt

Planeten rund. Weil sich die Erde aber dreht, wirkt die Fliehkraft der ganz »perfekten« Kugel wieder entgegen.

Warum sieht die Erde für uns flach aus, wo sie doch eigentlich rund ist?

Milan aus Bergisch-Gladbach

Gute Frage! Der Grund liegt in der Größe der Erdkugel! Wenn wir ein Loch bis zum Mittelpunkt des Erdballs graben wollten, müssten wir mehr als 6.300 Kilometer weit buddeln. Wenn wir einmal um den Äquatorbauch der Erde herumlaufen wollten, wären wir gut 40.000 Kilometer unterwegs (wie lange das dauern würde, erfahrt ihr auf Seite 232). Auch die Fotos aus dem Weltall, die wir von der Erde kennen, zeigen sie fast nie komplett. Der ganze Erdball passt nicht aufs Bild! Es gibt zwar Fotos von der kompletten Kugel – die wurden aber vom Mond aus geschossen. Das heißt: Man muss sich sehr weit von der Erde weg entfernen, bis man sie ganz aufs Foto kriegt.

Die Erde ist so riesig, dass wir kleinen Menschen sie nicht als rund wahrnehmen können. Wir sehen die Krümmung des Erdballs normalerweise nicht, weil sie im Vergleich zur Größe nur sehr sanft ist. Allerdings gibt es ein paar Ausnahmen. Am Strand zum Beispiel. Wenn man richtig weit aufs Meer hinausschauen kann, sieht man manchmal auch als kleiner Mensch, dass die Horizontlinie ganz leicht nach unten gebogen ist – das ist der Strich dort hinten, wo es so aussieht, als ob das Meer in

den Himmel übergeht. Oder wenn ihr bei schönem Wetter auf einem Berggipfel steht, dann könnt ihr manchmal die Erdkrümmung auch mit bloßem Auge sehen.

Vielleicht habt ihr auch schon mal am Strand gestanden, und von weit draußen auf dem Meer ist ein Segelschiff auf euch zugekommen. Bestimmt habt ihr erst einmal nur die Mastspitze gesehen, dann langsam den ganzen Mast und erst einige Zeit später das ganze Schiff. Auch das liegt an der Krümmung der Erdkugel: Weil wir natürlich nicht in einem Bogen nach unten schauen können, müssen wir warten, bis das Schiff komplett in unser Blickfeld gefahren kommt. Stellt euch mal einen Ball vor: Auch auf dem müsste das Schiff von »weiter unten« erst nach »ganz oben« fahren, damit ihr es komplett sehen könnt.

Ich sehe was, was du nicht siehst …

Mathematiker haben ausgerechnet, wie weit wir schauen können, bevor uns die Krümmung der Erdkugel im Weg ist. Aus zwei Metern Höhe sieht man höchstens – also wenn Wetter und Augen gut sind – fünf Kilometer weit. Aus zehn Metern Höhe sind es schon bis zu elf Kilometer. So wird auch klar, warum (Piraten-)Schiffe immer einen Ausguck, ein sogenanntes *Krähennest*, oben am Mast hatten: Die Späher konnten andere Schiffe einfach viel früher entdecken als die Matrosen auf dem Deck.

☞ ***Übrigens:*** Jahrtausendelang glaubten die Menschen, zum Beispiel die alten Ägypter, die Erde sei eine Scheibe.

Sie dachten, das Land schwimmt in einem riesigen Ozean, und wer mit dem Schiff zu nahe an die Kante kommt, fällt hinunter. Allerdings war schon dem großen griechischen Philosophen Aristoteles vor mehr als 2.300 Jahren aufgefallen, dass man von weit entfernten Schiffen immer erst die Mastspitze sieht. Er glaubte deshalb fest daran, dass die Erde eine Kugel ist. Immer mehr Forscher, Philosophen und Gelehrte schlossen sich seiner Theorie an. Trotzdem dauerte es noch bis ins 16. Jahrhundert, also fast 2.000 Jahre, bis der portugiesische Seefahrer Ferdinand Magellan einmal um die Welt segelte. Magellan überlebte die dreijährige Reise zwar nicht, aber die heimkehrende Schiffsmannschaft hatte trotzdem endgültig bewiesen: An den Kanten der Erde stürzt niemand ab, weil die Erde eine Kugel ist und eine Kugel natürlich keine Kanten hat.

Willis Wissen: Weil der Erdball so ungeheuer groß ist, sehen wir Menschen immer nur einen winzigen Teil davon. In diesem kleinen Abschnitt ist die Erde so sanft gebogen, dass wir die Krümmung nicht wahrnehmen und sie für uns gerade aussieht.

Wie sieht die Erde innen aus?

Moritz aus Reisensburg

Unsere Erde ist aus verschiedenen Schichten aufgebaut, ähnlich wie eine Zwiebel: Erdkern, Erdmantel und Erd-

kruste. Wir kennen nur die äußerste Schicht, die *Erdkruste*. Auf ihr leben wir, auf ihr stehen unsere Häuser, auf ihr schwappen die Ozeane und liegen die Kontinente Europa, Afrika, Asien, Amerika, Australien und Antarktis. Die Erdkruste ist im Durchschnitt nur ungefähr 40 Kilometer dick, an manchen Stellen unter den Ozeanen sogar nur fünf Kilometer. Im Verhältnis zum Rest der Erde ist ihre Kruste nicht dicker als die äußerste Schale einer Zwiebel.

In der Mitte der Erdkugel, gut 6.000 Kilometer unter dem Boden, auf dem wir stehen, liegt der *Innere Erdkern*. Er besteht aus Metallen, vor allem aus Eisen und Nickel. Obwohl es dort ungefähr so unvorstellbar heiß ist wie auf der Oberfläche der Sonne – 5.000 Grad Celsius! –, ist der Kern fest. Auf dem Erdkern lasten nämlich der Druck und das Gewicht der ganzen anderen Erdschichten drum herum. Wissenschaftler glauben, dass allein diese glühend heiße innerste Metallkugel einen Durchmesser von etwa 1.000 Kilometern hat. Rund um den Inneren liegt der *Äußere Erdkern*. Hier ist die Temperatur nicht mehr ganz so hoch, ungefähr »nur noch« 3.000 Grad Celsius, und auch der Druck ist niedriger. Deshalb ist das Metall hier flüssig.

Um den Erdkern legt sich die zweite Schale: der *Erdmantel*. Er besteht aus Gesteinen und Mineralien. Der näher am Kern liegende *Untere Mantel* ist wie der Innere Erdkern fest, weil das Gestein bei etwa 2.000 Grad Hitze zusammengepresst wird. Darüber hüllt sich der *Obere Erdmantel* aus ungefähr halb so heißem, flüssigem Gestein. Genau gesagt ist es nicht flüssig, sondern eher weich und zähflüssig. So ähnlich wie Knetmasse. Es ist beweglich, strömt aber nur sehr langsam. In dieser Außenschicht gibt es auch flüssigere Teile, die manchmal als *Lava* an die Erdoberfläche sprudeln, wenn ein Vulkan ausbricht.

Ganz außen liegt schließlich noch die dünne *Erdkruste*. Der Teil, den wir kennen, auf dem wir leben.

Wie ihr seht, ist im Inneren der Erde ganz schön was los. Harte und flüssige Schichten wechseln sich ab, allesamt sind unvorstellbar heiß. Deshalb kann auch kein Mensch einfach »runtersteigen« und nachschauen. Woher man trotzdem weiß, wie die Erde innen aussieht, erfahrt ihr auf Seite 229.

Außen um die Erde legt sich eine Gashülle, die sogenannte *Atmosphäre*. Sie ist ebenfalls in verschiedene Schichten unterteilt und wird von der Schwerkraft angezogen. Die Atmosphäre schützt uns vor Strahlen aus dem Weltall, reguliert die Temperatur auf der Erde und macht uns das Atmen und damit das Leben auf der Erde überhaupt erst möglich.

Willis Wissen: Im Inneren der Erde ist ganz schön was los: Es ist feurig heiß, bis zu 5.000 Grad Celsius, und es herrscht ein irrsinnig hoher Druck durch die Erdanziehungskraft und durch das Gewicht der verschiedenen Schichten der Erde. Feste und flüssige Schichten wechseln sich ab. Die Erdoberfläche, auf der wir leben und die wir kennen, ist im Vergleich dazu nur winzig dünn.

Woher weiß man überhaupt, wie die Welt drinnen aussieht?

Elisabeth aus Fulda

Wie's da ganz genau drin aussieht, wissen wir nicht. Das muss auch Professor Jonas Kley vom Institut für Geowissenschaften an der Universität Jena zugeben. Es ist einfach zu heiß und zu gefährlich da unten als dass man leicht nachsehen könnte. Aber es gibt Möglichkeiten, sich zumindest eine Vorstellung davon zu machen, wie es im Erdinnern aussehen könnte. Eine wichtige Rolle dabei spielen Erdbeben.

Erdbeben breiten sich in Wellen von ihren Mittelpunkt in alle Richtungen aus, genau so, wie wenn man einen Stein ins Wasser wirft. Überall auf der Welt haben Forscher Geräte installiert, die ständig Erdbeben aufzeichnen und sichtbar machen. Diese *Seismometer* registrieren, mit welcher Geschwindigkeit die Erdbebenwellen durch das Innere der Erde laufen und wie weit sie dabei kommen. Aus den Ergebnissen können Experten darauf schließen, durch welche Materialien die Wellen gelaufen sind. Durch Stein kommen sie nämlich zum Beispiel schneller als durch Flüssigkeit.

Die meisten Erdbeben schicken zwei verschiedene Arten von Wellen los, und eine davon kommt nicht durch Flüssigkeiten durch. Wenn also das Erdbeben auf einer Seite der Erde startet und auf der anderen Seite nur eine Art der Wellen ankommt, bedeutet das – ganz einfach ausgedrückt –, dass der Kern der Erde flüssig sein muss.

Weil die Wissenschaftler wissen, wie groß die Erde ist, können sie von einem Kilogramm Gewicht ausgehend auch berechnen, wie schwer sie ist . Ein Kilogramm ist so schwer wie ein Liter Wasser (lest dazu auch das Kapitel über den Urmeter und das Urkilo auf Seite 71). Die Erde wiegt ungefähr 5975 Trillionen Kilogramm. Das sind umgerechnet etwa 854 Trilliarden Afrikanische Elefantenbullen. So ein Megagewicht können wir uns einfach gar nicht vorstellen.

Entscheidend zu wissen ist für uns: Die Erde kann auf keinen Fall nur aus Stein bestehen, denn dafür ist sie viel zu schwer, sagt Professor Kley! Daraus folgern die Experten, dass es im Erdinneren noch andere Materialien geben muss (etwa Metalle und Flüssigkeiten).

Wichtig für unsere Vorstellung vom Inneren der Erde sind auch *Meteoriten*. Wenn andere Planeten im Weltall auseinanderbrechen, zum Beispiel weil sie mit einem anderen Planeten oder einem Stern zusammenstoßen, kann es passieren, dass kleine Brocken davon die Erde treffen. Meteoriten sind also Planetenteile, die manchmal vom Himmel fallen. Forscher finden sie total spannend, weil sie von ihnen lernen können, wie Planeten im Inneren aufgebaut sind. Auch die Erde ist ja ein Planet und deshalb sehr wahrscheinlich ähnlich aufgebaut.

Eigentlich kratzen wir nur an der Erdoberfläche

»Warum bohrt ihr nicht einfach ein Loch und schaut nach?«, hab ich natürlich gefragt. Geht aber nicht: Die tiefste Bohrung der Welt reichte nur 12.300 Meter in Richtung Erdkern. Weil der aber in mehr als 6.000 Kilometern – also 6.000.000 Meter – Tiefe liegt, ist das lächerlich wenig. Es ist einfach zu kompliziert und zu teuer, weiter ins Erdinnere zu graben. Außerdem wird's ganz schnell zu heiß für unsere heutige Technik. Immerhin helfen solche Bohrungen aber, die Temperatur an der Außenseite der Erde zu messen und daraus zu berechnen, wie heiß es wahrscheinlich ganz in der Mitte ist: ungefähr 5.000 Grad Celsius.

Ihr seht: Alles, was wir über den Mittelpunkt der Erde wissen, ist ein Puzzle aus vielen Wissensfetzen, die uns dabei helfen uns vorzustellen, wie die Erde innen aussehen könnte. Ganz genau wissen wir es aber noch lange nicht.

Willis Wissen: Aus den Wellen von Erdbeben, dem Gewicht und dem Umfang der Erde und dem Aufbau von Meteoriten versuchen Spezialisten, sich eine Vorstellung vom Inneren der Erde zu machen. Wie's dort in Wirklichkeit aussieht, wissen wir aber nicht. Von den mehr als 6.300 Kilometern bis zum Erdkern haben wir uns bisher nur bis auf knapp 13 Kilometer vorgebohrt. Der Weg ist also noch weit.

Wie lang braucht man, um einmal um die Welt zu gehen?

Helena aus Waldenburg

Das ist ja keine Frage, sondern eine Rechenaufgabe! Natürlich kann man nicht am Stück und auf direktem Weg einmal um die Welt wandern. Da würde man ganz

schnell nasse Füße bekommen. Und so viel Zeit hat wahrscheinlich auch kein Mensch. Deshalb stellen wir uns diesen Spaziergang einfach vor – wir unternehmen ihn *theoretisch*.

Also: Wir denken uns einen Gürtel genau um die dickste Stelle des Erdballs – direkt am Äquator entlang, der Mitte zwischen Nordpol und Südpol. Wie lang müsste dieser Gürtel sein? Experten gehen von rund – sozusagen *erdkugelrund* – 40.075 Kilometern aus. So weit müsste man laufen, um einmal um die Welt zu gehen.

40.075 Kilometer: Das sind 40.075.000 Meter oder 4.007.500.000 Zentimeter. Umgerechnet wäre das 400.750-mal die Länge eines normalen 100-Meter-Fußballplatzes oder ungefähr 133.583.333 aneinandergelegte 30-Zentimeter-Lineale aus dem Schulunterricht. Ihr merkt schon: Das ist verdammt weit!

Wie lange würde ein Fußgänger für diese Strecke brauchen? Nehmen wir an, wir würden einen recht flotten Schritt anschlagen und in einer Stunde ungefähr sieben Kilometer weit kommen. Die Länge unseres Erdgürtels geteilt durch sieben Fußgängerkilometer pro Stunde ergibt 5.725 Stunden – am Stück: ohne Pause, ohne Essen,

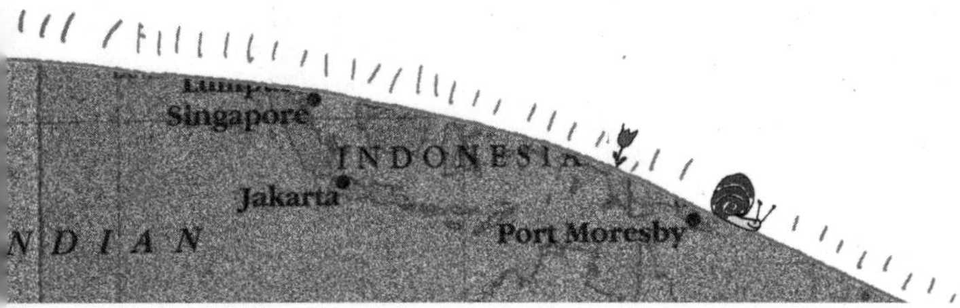

ohne Trinken, Schlafen oder aufs Klo gehen! Ein Tag hat 24 Stunden, also bräuchten wir 238 und einen halben Tag einmal rund um die Erde. Das sind 34 Wochen oder achteinhalb Monate.

Willis Wissen: Um einmal – theoretisch – flotten Fußes um die ganze Welt zu spazieren, wären wir fast ein Dreivierteljahr ohne jede Unterbrechung und Verschnaufpause unterwegs. Puh! Unmöglich!

Woher kommt das viele Salz im Meer, wenn in den Flüssen doch Süßwasser fließt?

Maja aus Ochtendung

Wasser hat die besondere Eigenschaft, verschiedene Stoffe aus Gestein und Böden herauswaschen zu können. Wenn also Regen auf die Erde fällt und sich in Bächen und Flüssen sammelt, nimmt das Wasser unterwegs auch Salz mit. Das kennen wir: Wenn wir in ein Glas Leitungswasser einen Löffel Salz rieseln lassen und umrühren, verbindet sich das Salz mit dem Wasser. Heraus kommt: Salzwasser.

Im Gestein und in unseren Böden sind Minerale, also Salze, enthalten. Wenn nun Regenwasser oder im Frühjahr das Schmelzwasser aus den Bergen über die Landschaft plätschert und sich in Bächen sammelt, wäscht es unterwegs immer auch Salze aus und nimmt sie mit. Die Bäche laufen zu größeren Flüssen zusammen und münden später ins Meer. »Moment mal!«, werdet ihr jetzt rufen, »in den Flüssen fließt doch Süßwasser!« Das ist auch absolut richtig. Der Salzanteil in unseren Flüssen ist nämlich so gering, dass wir kein Salz schmecken. Es ist sehr stark verdünnt – aber da.

Großangelegter Salzschmuggel im ganzen Land

Wenn ihr so wollt, schmuggeln die Flüsse heimlich immer ein bisschen Salz ins Meer. Das Meer ist das große Sammelbecken. Dieses Sammelbecken wird kräftig von der Sonne beschienen. So verdampft ein Teil seines Inhalts wieder. Aus dem flüssigen Wasser wird mit Hilfe von Sonnenenergie Wasserdampf. Der steigt nach oben, bildet Wolken, und die regnen sich über dem Festland wieder ab. Der Regen tropft auf die Landschaft, wird zum Fluss, der Fluss fließt ins Meer und bringt wieder ein bisschen Salznachschub mit. Der nie endende *Wasserkreislauf* beginnt von vorne.

Jetzt kommt der Trick: Das Salz im Meerwasser verdampft nicht mit, sondern bleibt im Meer zurück. Deshalb regnet es auch kein Salzwasser, sondern normales Süßwasser. Je stärker die Sonne aufs Meer scheint, desto mehr Wasser verdampft und desto mehr Salz bleibt im restlichen Meerwasser zurück. Zusätzlich wäscht das Meerwasser selbst auch Salz aus den Steinen am Meeresgrund oder aus Vulkanen, die am Meeresboden ausbrechen. So ist das Meerwasser ganz langsam, über Jahrmillionen, immer salziger geworden.

Aber die Meere sind nicht alle gleich salzig. Es kommt

darauf an, wie viel Flusswasser nachkommt und wie stark das Meer von der Sonne beschienen wird. Im Durchschnitt würden ungefähr 35 Gramm Salz, etwa so viel wie ein kleiner Salzstreuer voll, am Boden eines Eimers übrig bleiben, wenn man einen Liter Meerwasser komplett verdunsten lassen würde. Die Ostsee ist weniger salzig, von einem Liter Ostseewasser würden nur zwischen 7 und 20 Gramm Salz übrig bleiben.

Auch das Salz, das wir morgens auf unser Frühstücksei streuen, kann aus dem Meer kommen. Zum Beispiel aus absichtlich vom Meer abgetrennten Becken, den sogenannten *Salzgärten*. Die Sonne trocknet das Wasser in den Becken aus, und übrig bleibt das vorher im Meerwasser gelöste Salz. Dass wir irgendwann kein Meersalz mehr haben werden, um unser Frühstücksei zu salzen, ist ziemlich unwahrscheinlich. Experten schätzen, dass man mit dem Salz aus allen Meeren das komplette Festland der Erde mit einer 150 Meter dicken Salzschicht bedecken könnte! Dann würde gerade noch die oberste Spitze des Ulmer Münsters rausschauen. Und das hat mit 161 und einem halben Meter immerhin den höchsten Kirchturm der Welt.

☞ ***Übrigens:*** Das Tote Meer ist gar nicht tot. Es enthält nur unglaublich viel Salz: 280 Gramm pro Liter Wasser. Deshalb können im Toten Meer keine Fische oder Pflanzen leben. Das Tote Meer ist eigentlich auch kein Meer. Es ist ein riesiger See, der mitten in der Wüste liegt und nur einen Zufluss hat. So kommt wenig frisches Wasser nach, aber viel verdunstet. Weil das Wasser im Toten Meer so extrem salzig ist, trägt es einen Menschen sehr viel besser als normales Wasser. Man schwimmt oben, ohne sich bewegen zu müssen! Viele Leute legen sich dort einfach auf dem Rücken ins Wasser, lesen gemütlich Zeitung und lassen sich dabei fotografieren.

Willis Wissen: Regen wäscht Salze aus den Steinen und Böden, über die er plätschert. Über Bäche und Flüsse kommt so immer auch ein bisschen Salz ins Meer. Wasser verdunstet, Salz bleibt. So wird das Meer ganz langsam immer salziger.

Wie kommt der Sand an den Strand?

Michael aus Potsdam

Für die Entstehung von Sand gibt es ein Zauberwort: *Verwitterung*. Sand ist nichts anderes als eine Menge sehr kleiner Steinchen, die sogar – wenn ihr genau hinschaut – noch unterschiedliche Farben haben. Und diese kleinen Steinchen waren früher alle mal größere Steinchen.

Ganz am Anfang – vor Jahrmillionen – waren sie sogar Berge. Berge sind in den verschiedenen Regionen der Welt extremen Temperaturen ausgesetzt: Tagsüber ist es oft sehr heiß, nachts dagegen bitterkalt. Durch Temperaturschwankungen dehnt sich das Gestein aus und zieht sich wieder zusammen. Dadurch bekommen die Felsen mit der Zeit kleine Risse, in die Wasser fließen kann. Wenn es friert, dehnt sich das Wasser aus und vergrößert die Risse im Berg. Ganze Teile werden vom großen Berg abgesprengt. Sie kullern ins Tal und zerbrechen auf dem Weg in noch kleinere Steine, reißen andere Felsbrocken mit und schleifen sich so gegenseitig immer weiter ab.

Auf diese Art sind Berge irgendwann zu Felsen geworden, Felsen zu Steinen, Steine zu Kiesel und Kiesel zu klitzekleinen Steinchen. Die kann der Wind mit sich forttragen. Wind wiederum schleift wie ein großes Sandstrahlgebläse auch wieder an den Felsen und hält die Verwitterung weiter in Gang. Mit Hilfe des Windes gelangen die groben Körner in kleine Gebirgsbäche, die zu größeren Flüssen werden. Mit dem Fluss machen sie sich auf die Reise ins Meer und schleifen sich unterwegs gegenseitig immer feiner – und werden schließlich zu Sand.

Im Meer angekommen, sinkt der Sand langsam zum Meeresboden ab, von wo aus ihn Wellen und Strömungen wieder aufsammeln und mit an die Küsten schwemmen. Dort erreicht der Sand den Strand, an dem wir damit unsere Sandburg bauen oder ihn zwischen den Zehen durchrieseln lassen können.

Jedes einzelne Sandkorn könnte uns eine Geschichte erzählen: wo es herkommt, zu welchem Berg es mal gehört hat – daher die unterschiedlichen Farben! – und wie lange es schon unterwegs ist. Der Weg vom stolzen Berggipfel zum Körnchen in der Sandburg am Strand dauert nämlich viele, viele tausend Jahre.

Und wie kommt der Sand in die Sahara?

Ganz genauso! Auch in den Wüsten standen vor vielen Millionen Jahren Berge, die langsam durch Verwitterung zu Sand wurden. Große Flüsse gibt es in der Wüste meistens nicht, dafür ordentliche Sandstürme, die den Wüstensand verteilen und die größeren Felsen weiter kleinraspeln.

Warum ist der Himmel blau?

Fritz aus Hirschau

Die Frage aller Fragen. Zumindest haben sich – und mich! – das ganz viele von euch gefragt.

Die Luft ist eigentlich durchsichtig, der Himmel zumindest an einem schönen Tag aber blau. Wie kann das sein? Das haben sich schon viele schlaue Menschen gefragt. Die ersten richtig guten Ideen dazu hatte ein griechischer Philosoph und Naturforscher schon vor mehr als 2.000 Jahren: kein Geringerer als das Superhirn Aristoteles. Seid ihr bereit? Los geht's!

Blauen Himmel gibt's nur tagsüber. In der Nacht ist die Sonne auf der anderen Seite der Erde unterwegs und der Nachthimmel schwarz. Wir brauchen also das *Licht der Sonne*. Aber was ist Sonnenlicht? Ein weiß-gelber Strahl, der alles auf der Erde hell und warm macht? Nein! Sonnenlicht ist bunt und setzt sich aus vielen einzelnen Farben zusammen: Rot, Gelb, Orange, Blau, Grün und Lila – oder korrekt gesagt: Violett. Die Regenbogenfarben. Und die sind alle im Sonnenlicht enthalten. Forscher stellen sich die verschiedenfarbigen Strahlen als Wellen vor. Die Wellen jeder Farbe sehen anders aus. Manche sind ganz langgezogen, zum Beispiel die roten oder gelben. Blaue und lilafarbene Lichtwellen dagegen sind *kurzwellig*, Wellenberge und Wellentäler wechseln sich also schnell ab.

Dass das Sonnenlicht wirklich aus verschiedenen Farben besteht, seht ihr, wenn ihr im Sommer mit dem Gartenschlauch im Garten herumspritzt und die Düse ziemlich fein und breit einstellt: Sprüht ihr den Wassertropfen-Nebel in Richtung Sonne, könnt ihr die verschiedenen Regenbogenfarben sehen. Warum? Die Sonne schickt alle Lichtwellen zusammen auf den Weg zur Erde. Plötzlich stehen aber eure Wassertropfen den Wellen im Weg, die Strahlen prallen dagegen und werden umgeleitet, wie eine Welle aus Wasser, die auf einen Stein trifft. Allerdings lassen sich die langwelligen roten Strahlen viel weniger ablenken, als die kurzen blauen. Man sagt, die blauen werden breiter *gestreut*. Das Sonnenlicht wird sozusagen aufgespaltet. Und genauso entsteht auch ein Regenbogen: Durch verschieden stark von Wassertropfen abgelenkte bunte Lichtwellen.

Hereinspaziert: vom All durch die Atmosphäre auf die Erde

Aber was hat das alles mit dem blauen Himmel zu tun? Eine Menge: Die Sonne schickt ihr Licht den ganzen langen Weg zu uns auf die Erde. Bevor die Wellen ankommen, müssen sie allerdings erst mal durch die *Erdatmosphäre*. Das ist die Lufthülle, die in vielen Schichten wie ein Mantel um den Erdball liegt. Sie reicht vom Erdboden 80 bis 100 Kilometer in die Höhe, dann beginnt das Weltall. Die Atmosphäre schützt uns vor gefährlichen Strahlen aus dem All und sorgt dafür, dass die Wärme der Sonne auf der Erde bleibt. Ohne sie könnten wir nicht leben.

Die Atmosphäre besteht aus Luft. Und Luft besteht aus vielen kleinen Teilchen, die wir zum Leben brauchen. Das wichtigste ist natürlich der Sauerstoff, den wir atmen. Dazu kommen unter anderem Stickstoff-, Kohlendioxid- und Wasserstoffteilchen. Wasserstoffteilchen kennen wir auch als Wolken, die den blauen Himmel verdecken – Frechheit! Außerdem wirbeln Staub und Abgase durch die Luft, die manchmal den Himmel über großen Städten milchig grau aussehen lassen.

All diese Teilchen sind also in der Lufthülle unterwegs und damit den Lichtwellen der Sonne im Weg. Die langen roten und gelben Wellen kommen noch ziemlich lässig durch, besonders die blauen haben aber echte Probleme. Sie knallen ständig gegen irgendwelche Teilchen und müssen ihre Richtung ändern. Dadurch entsteht die sogenannte *Rayleigh-Streuung* (sprich: Räh-lie). Weil wir nur das stark gestreute Licht als Farbe sehen können, erscheint uns der Himmel blau. Vor allem zur Mittagszeit, wenn die Sonne direkt über uns steht. Wenn wir also in den schönen blauen Himmel schauen, beobachten wir in Wahrheit Milliarden winziger Unfälle, die die blauen Lichtwellen ständig mit den Teilchen in der Atmosphäre bauen.

Warum ist der Himmel am Abend rot?

Wenn die Sonne bei uns untergeht, wandert sie ja einfach auf die andere Seite der Erde. Sie ist also weiter weg, deshalb haben's am Abend auch die Lichtwellen weiter bis zu uns und müssen sich durch mehr Luft kämpfen. Die kurzwelligen blauen Wellen werden irgendwann so stark abgelenkt, dass sie unterwegs verlorengehen. Weil es die langen roten und orangefarbenen Lichtwellen viel besser durchs Teilchengetümmel schaffen, entstehen Morgen- und Abendrot.

Willis Wissen: Ob rot oder blau: Die Farbe des Himmels hängt immer vom Weg ab, den die verschieden langen farbigen Lichtwellen durch die Lufthülle rund um die Erde zurücklegen, und wie stark sie dabei abgelenkt oder *gestreut* werden.

Warum ist Gras grün?

Lisa aus Berchtesgaden

Gras ist grün, weil es jede Menge Blattgrün enthält. Das ist ein Farbstoff, der auch *Chlorophyll* heißt. Der ist im Gras, aber auch in Blättern. Ganz schön langweilig, glaubt ihr vielleicht: Während sich Rosen anstrengen, rosa zu werden, Mohn knallrot und Sonnenblumen sonnengelb, sind Blätter und Grashalme immer nur grün, grün, grün. Das hat aber alles seinen Sinn, Sinn, Sinn! Blüten müssen schön sein und auffallen, um Bienen und andere Insekten anzulocken. Die sollen schließlich ihren Blütensamen in alle Welt davontragen. Gras und Blätter haben das nicht nötig. Sie haben einen ganz anderen Auftrag von der Natur bekommen.

SAUERSTOFF SAUERSTOFF SAUERSTOFF SAUERSTOFF SAUERSTOFF SAUERSTOFF
KOHLENDIOXID KOHLENDIOXID KOHLENDIOXID KOHLENDIOXID
LICHT LICHT LICHT LICHT LICHT LICHT LICHT LICHT LICHT LICHT
WASSER WASSER WASSER WASSER WASSER

Gräser und Blätter müssen nicht unbedingt schön aussehen, sondern vor allem richtig arbeiten. Sie stellen nämlich bei einem komplizierten chemischen Prozess namens *Photosynthese* einerseits Zucker her, den die Pflanze selbst als Nahrung braucht. Und andererseits entsteht Sauerstoff, den wir Menschen und die Tiere auf der ganzen Welt einatmen. Ohne die fleißigen grünen Pflanzen-Arbeiter würden wir alle ersticken!

Wie funktioniert die Photosynthese? Dazu braucht die Pflanze drei »Zutaten«: Das Chlorophyll im Grashalm sammelt Sonnenlicht. Über die Wurzeln ziehen die Halme Wasser aus der Erde, und aus der Luft filtern sie das Gas Kohlendioxid, das wir alle ausatmen. Die Energie des Sonnenlichts setzt nun eine chemische Reaktion in Gang, bei der Zucker für die Pflanze entsteht und Sauerstoff für Menschen und Tiere. So gesehen tauschen wir mit den Pflanzen Kohlendioxid gegen Sauerstoff – clever, oder?

Dabei ist das Sonnenlicht übrigens doppelt wichtig: Es liefert nicht nur die Energie für die Photosynthese, sondern ist auch nötig, damit die Pflanze überhaupt das grüne Chlorophyll herstellen kann. Ohne Licht gibt's kein Chlorophyll und ohne Chlorophyll keinen Zuckerimbiss für die Pflanze und keinen Sauerstoff für Mensch und Tier. Das habt ihr vielleicht schon mal gesehen, wenn ihr im Sommer euer Zelt für ein paar Tage im Garten aufgebaut habt: Unter den Zeltboden kommt kein Licht, das Gras wird nach einiger Zeit gelblich und schaut gar nicht mehr gut aus. Klar: Es kann kein Blattgrün herstellen, und damit ist auch das natürliche Energiekraftwerk in den Grashalmen lahmgelegt.

Willis Wissen: Gras ist grün, weil es den grünen Farbstoff Chlorophyll enthält. Damit stellen grüne Pflanzen nicht nur Zucker für sich, sondern auch Sauerstoff für Menschen und Tiere her. *Grün*ial!

Gras ist grün – warum ist Kuhmilch weiß?

Fabian aus Aachen

Da muss ich ausnahmsweise mal eine Gegenfrage stellen: Schmeckt die weiße Milch nach grünem Gras? Eben. Wenn die Kuh nur noch Erdbeeren essen würde, würde sie dann rötliche Erdbeermilch geben? Genau: Natürlich nicht! Die Kuh frisst Gras, damit sie Energie hat – so wie ihr Brot und Käse esst –, und mit dieser Energie stellt die Kuh in ihren Milchdrüsen Milch her.

Milch besteht zum allergrößten Teil aus Wasser. Dazu kommen noch Fett, Vitamine, Mineralstoffe, Milchzucker (sogenannte *Laktose*) und Eiweiß. Alle diese Zutaten sind im Wasser aufgelöst, schwimmen drin herum und machen es trüb oder *milchig*.

Tatsächlich sind vor allem Fett und Eiweiß für die Farbe zuständig – reines Wasser ist ja bekanntlich durchsichtig, nicht weiß. In der Milch kommt das Fett in sehr, sehr kleinen Tropfen vor. Die zerstreuen das Licht in alle Richtungen.

Wenn wir etwas Weißes sehen, ist es nicht weiß, sondern enthält alle Farben des Regenbogens als Lichtwellen (mehr dazu erfahrt ihr im Kapitel über den blauen Himmel auf Seite 239). Etwas Grünes wie das Gras »saugt« *alle* farbigen Lichtwellen auf und wirft nur die zurück, die unser Auge als *grün* erkennt. Deshalb sieht die Wiese für uns grün aus. Die Fetttröpfchen in der Milch werfen alle regenbogenfarbenen Lichtwellen zurück, deshalb erscheint uns die Milch weiß.

Willis Wissen: Die verschiedenen Bestandteile in der Milch, lenken die Lichtstrahlen in alle möglichen Richtungen ab. Dadurch sieht Milch für unser Auge weiß aus. Das grüne Gras ist nur der Energielieferant für die Kuh und landet nicht in der Milch.

Wie misst man die Höhe eines Berges?

Tessa aus Schacht-Audorf

Das Ziel ist klar: der Gipfel! Meistens steht am höchsten Punkt eines Berges das Gipfelkreuz. Der Weg dorthin ist steinig, steil und schweißtreibend. Auf den Berg rauf geht's eben bergauf. Oben will der Bergsteiger natürlich wissen, was er geschafft, wie viele Höhenmeter er »gemacht« hat.

Dazu kann er ein tragbares GPS-Gerät herausholen, ein Navigationssystem für die Hosentasche, das mit Hilfe von Satelliten berechnen kann, wo und wie hoch man gerade steht. Das geht, ist aber nicht ganz genau. Satelliten rechnen nämlich mit dem sogenannten *Ellipsoid*. Das heißt, sie gehen davon aus, dass die Erde eine perfekte Kugel mit plattgedrückten Enden an Nordpol und Südpol ist. Als Ellipsoid sieht die Erde aus wie ein Medizinball (dazu könnt ihr auch das Kapitel auf Seite 220 lesen). Das stimmt aber nur ungefähr. Die echte Erdoberfläche sieht nämlich eher aus wie eine zerknautschte Kartoffel: Es gibt Huckel und Buckel, Beulen und Dellen. Die echte Erde verändert sich ständig, während das Medizinball-Modell immer gleich bleibt. Es wäre viel zu kompliziert, den Satelliten immer das allerneuste Knautschkartoffel-Modell beizubringen. Für den elektronischen Wegweiser reicht der Medizinball locker, auch wenn er sich in der Höhe an manchen Stellen um bis zu 100 Meter von der echten Erde unterscheidet.

Auf die ganze Erde gesehen, sind 100 Meter lächerlich wenig! Will man aber ganz genau wissen, wie hoch zum Beispiel der höchste Berg der Welt ist, kommt es auf jeden Meter an. Dann benutzen die Profis nicht das Ellipsoid (Medizinball), sondern die echte Knautschkartoffel, das sogenannte *Geoid*.

Wenn ihr messen wollt, wie groß ihr seid, wo fangt ihr an? Genau: bei den Zehenspitzen. Aber wo hat der Berg seine Zehenspitzen? Schwierig, er sieht ja von jeder Seite anders aus. Also suchen sich die Vermesser einen offiziellen Nullpunkt. Dafür hat man sich auf die durchschnittliche Höhe des Meeresspiegels geeinigt, die bei Messungen als *Normalnull* bezeichnet wird. Warum den Meeresspiegel? Stellt euch einen Gartenteich vor. Egal wie krumm und bucklig die Wände und der Boden des Teichs sind – das Wasser gleicht alles aus und bildet eine glatte Wasseroberfläche. Man hat etwas, das man messen kann, unseren Ausgangspunkt: 0 Meter.

Meistens steht der Berg aber leider nicht direkt am Meer. Damit die Spezialisten nicht immer wieder irgendwo am Meer anfangen und sich mühsam bis zum Berg hin messen müssen, tricksen sie ein bisschen: In jedem Ort in Deutschland gibt es einen *Höhenbolzen*. Das ist ein runder Knubbel, der außen in ein altes Gebäude eingemauert ist, meistens irgendwo in die Kirchenmauer, ins Rathaus oder in die Schule. Macht euch mal auf die Suche bei euch zu Hause! Sucht nach einem Knauf, auf dem »HP« für Höhenpunkt steht. Die offizielle Höhe dieses HP über Normalnull ist ganz genau bekannt. Wer in dieser Gegend etwas neu vermessen will, zum Beispiel weil ein neuer Kanal oder eine Straße gebaut oder neue Stromkabel verlegt werden sollen, der geht von diesem Höhenbolzen aus.

Wenn ihr wissen wollt, wie groß ihr seid, messt ihr bis zum höchsten Punkt, eurem Scheitel. Beim Berg ist das der *Gipfel*, meistens steht da oben ein Gipfelkreuz. Unten suchen sich die Vermesser einen Punkt, von dem aus sie den höchsten Punkt sehen können.

Jetzt müssen sie noch herausfinden, wie hoch sie selbst gerade stehen. Sie messen also erst einmal vom Höhenbolzen bis zu ihrem Standort. Dazu benutzen sie ein sogenanntes *Nivelliergerät*: Das ist so etwas wie eine Wasserwaage, also ein Stück Holz oder Metall, in dem oben ein Glasfenster eingebaut ist. Wenn die Waage ganz gerade liegt, pendelt sich eine kleine Luftblase genau zwischen zwei Strichen ein. Links und rechts stellen die Vermesser gelbe Messlatten auf, große Lineale. Damit können sie berechnen, wie viele Meter es von der einen Messlatte zur anderen nach oben geht. Moderne Nivelliergeräte sehen aus wie Fotoapparate und messen Höhenunterschiede mit einem Laser. Trotzdem muss man sich immer von einem Punkt zum nächsthöheren vorarbeiten. Ganz schön mühsam und kompliziert!

Irgendwann sind die Vermesser an der Stelle angekommen, von der aus sie den Gipfel sehen. Jetzt können sie zusammenrechnen, wie viele Meter sie gerade über dem Meeresspiegel stehen: Normalnull + Höhenbolzen + Messung. Dann geht's dem Berg an den Scheitel, und zwar mit einem Spezialgerät: dem *Tachymeter*. Das ist wieder die Wasserwaage von vorhin, dazu kommt aber noch ein Zielfernrohr. Rund um das Fernrohr ist ein Metallkreis angebracht, auf dem Zahlen stehen. Die geben den *Winkel* an, also wie weit der Vermesser das Fernrohr nach oben kippen muss, damit er das Gipfelkreuz ganz genau im Blick hat.

Jetzt schickt das Tachymeter einen Laserstrahl los, der vom Gipfelkreuz zurück ins Messgerät gelenkt wird. Das Gerät stoppt die Zeit, die der Laserstrahl hin und zurück braucht. Wir haben also die Stehhöhe über Normalnull, einen Winkel und die Zeit, die der Lichtstrahl bis zum Gipfel braucht.

Nun geht eine ganz schöne Rechnerei los: Der Vermesser denkt sich eine senkrechte, also schnurgerade Linie vom Gipfelkreuz bis zum Erdboden im Tal. Von dieser senkrechten Linie denkt er sich eine zweite Linie herüber zu sich und seinem Messgerät. Eine dritte Linie ist die

2821m
327 m
0m

vom Messgerät zum Gipfelkreuz. Aus diesen drei Linien »zeichnet« sich der Vermesser ein gedachtes Dreieck in die Landschaft: vom höchsten Punkt des Berges zum Fuß des Berges, rüber zum Messgerät und vom Messgerät wieder zurück nach oben. Weil er weiß, wie lange der Laserstrahl zum Gipfel gebraucht hat und wie steil (Winkel!) es vom Messgerät bis zum Gipfelkreuz bergauf ging, kann er mit Hilfe mathematischer Formeln ausrechnen, wie weit das Gipfelkreuz oberhalb vom Messgerät steht.

Jetzt muss er nur noch die Höhe des Gipfelkreuzes abziehen, weil wir ja den höchsten Punkt vom Berg wissen wollen, nicht den vom Kreuz. Das wäre ja sonst wie wenn ihr eure Größe wissen wollt und die Spitze von eurem Hut abmesst. Außerdem muss der Vermesser die Höhe von seinem Tachymeter über dem Boden abziehen – ihr stellt euch beim Messen ja auch nicht auf einen Hocker. Und dann: Tatarattaaa! Höhe des Bolzens über dem Meeresspiegel + Höhe des Messgeräts über dem Bolzen + Höhe der Bergspitze über dem Messgerät = die exakte Höhe des Berges!

Willis Wissen: Puh, ganz schön kompliziert! Zuerst suchen wir nach dem Höhenbolzen, der die Höhe über dem Meeresspiegel (Nullpunkt) angibt. Von da messen wir uns hinauf zu unserem Messpunkt, von dem aus wir das Gipfelkreuz sehen. Mit Lasertechnik und Dreiecksberechnung finden wir heraus, wie weit der Berggipfel über dem Messpunkt liegt. Wenn wir alles zusammenzählen und uns nicht verrechnet oder vermessen haben, wissen wir, wie viele Meter der Berg höher ist als der Meeresspiegel.

Wie hoch ist der höchste Berg der Welt?

Robert aus Kassel

Deutschlands höchster Berg ist die *Zugspitze* mit 2.962 Metern. Das ist ganz nett, die Zugspitze würde aber in den *Mount Everest*, den wirklich höchsten Berg der Welt, fast dreimal reinpassen. Der ist nämlich zwischen 8.848 und 8.850 Meter hoch und steht in Asien im Himalaya-Gebirge an der Grenze zwischen Nepal und China. Weil es unglaublich schwer ist, da überhaupt raufzukommen, und noch schwieriger, das Riesending exakt zu vermessen, unterscheiden sich die Höhenangaben um ein paar Meter. Es steht fest: Der Mount Everest ist mehr als 8.840 Meter hoch, und sein Gipfel der höchste Punkt der Erde über dem Meeresspiegel. Nicht umsonst heißt er auch das »Dach der Welt«. Ich dagegen bin nur einen Meter und 83 Zentimeter groß. Das heißt, der Herr Everest ist locker 4.800-mal so groß wie ich. Riesig!

Wo ein Berg oben aufhört, ist ziemlich klar: an der höchsten Spitze, da, wo's einfach nicht mehr weiter raufgeht. Aber wo fängt der Berg unten an? Das ist oft nicht so leicht feststellbar. Deswegen haben sich die Länder der Erde irgendwann auf den Meeresspiegel als Startpunkt für Höhenberechnungen geeinigt (mehr dazu erfahrt ihr im Kapitel auf Seite 246).

Für den Vulkan *Mauna Kea* auf der amerikanischen Hawaii-Insel Big Island ist das allerdings nicht ganz fair. Er steht nämlich nicht auf dem Festland wie der Mount Everest, sondern tief unten auf dem Meeresgrund. Er ist über dem Meeresspiegel 4.205 Meter hoch, geht allerdings unterhalb des Meeresspiegels noch mindestens 5.000 Meter weiter. Würde man ihn als ganzen Berg betrachten, wäre er mindestens 9.205 Meter hoch und damit der höchste Berg der Welt. Neben dem Mauna Kea steht sein Vulkan-Bruder *Mauna Loa*. Der ist nur wenig kleiner und wäre nach dieser Rechnung der zweithöchste Berg der Erde. Stellt euch vor, man würde messen wollen, wer aus eurer Klasse der Allergrößte ist, und die eine Hälfte von euch müsste sich in eine Badewanne stellen, die andere auf den Badewannenrand. Würde wirklich der Größte gewinnen?

Auch wenn es immer Leute gibt, die das doof oder unfair finden, müssen sich die Menschen manchmal auf eine Lösung einigen. In diesem Fall heißt sie: Nur das vom Berg zählt, was über dem Meeresspiegel zu sehen ist. Deshalb wird der Mauna Kea dem Mount Everest die Höhen-Goldmedaille wohl nie abluchsen können.

Willis Wissen: Der offiziell höchste Berg der Welt heißt Mount Everest. Sein Gipfel liegt mindestens 8.840 Meter über dem Meeresspiegel.

Wie heiß ist die Sonne?

Justin aus Bad Hindelang

Also spätestens bei 30 Grad Celsius gibt's in der Schule hitzefrei. Dann finden wir's schon ganz schön warm. Aber das ist natürlich kein Vergleich zur Sonne. Die ist noch viel heißer, hat aber niemals hitzefrei. Sie muss unsere Erdteile rund um die Uhr mit Wärme und Licht versorgen.

Forscher haben berechnet, dass die Sonne in ihrem Inneren wahrscheinlich – es war ja noch niemand selber da – unglaubliche 15,6 Millionen Grad Celsius heiß ist: 15.600.000 Grad! Außen auf der Oberfläche sollen es immer noch ungefähr 5.500 Grad Celsius sein. Das ist etwa so heiß wie im innersten Kern der Erde und reicht für satte 183-mal hitzefrei!

Warum ist die Sonne so heiß? Auf der Sonne tobt ein gigantischer Feuersturm, ständig gibt es Explosionen. Die Sonne besteht fast komplett aus den beiden Gasen *Wasserstoff* und *Helium*. Unter diesen extremen und für uns nicht vorstellbaren Bedingungen werden im Kern der Sonne immer zwei Wasserstoffteilchen zu einem Heliumteilchen zusammengeschmolzen. Das nennt man *Kernfusion*. Und dabei entsteht die Energie, mit der die Sonne unsere Erde und die restlichen Planeten in unserem Sonnensystem mit Wärme und Licht versorgt.

Weil die Sonne so unglaublich heiß ist, haben wir Glück, dass die Erde sie in einigem Sicherheitsabstand umkreist. Eine Umrundung dauert ungefähr ein Jahr. Der Abstand beträgt zwischen 147 und 152 Millionen Kilometer. Nur in dieser Entfernung zum Heizkraftwerk Sonne ist Leben auf der Erde möglich: nicht zu heiß und nicht zu kalt. Unser Nachbarplanet Venus zum Beispiel ist ein Stück näher dran an der Sonne. Da ist es jeden Tag schon etwa 464 Grad Celsius heiß. Würdet ihr da wohnen wollen? Also ich bin mit der Temperatur auf unserer Erde eigentlich sehr zufrieden, muss ich sagen.

Der Durchmesser, also der Weg einmal quer durch die Sonne, beträgt 1.390.000 Kilometer; einmal durch die Erde sind es im Vergleich dazu nur mickrige 12.756 Kilometer. Wenn die Sonne ein Fußball wäre, käme die Erde allerhöchstens auf die Größe eines Stecknadelkopfes. Nach dem *Gravitationsgesetz* des Physikers Isaac Newton ziehen sich alle Körper gegenseitig an, die größeren, also die mit mehr Masse, die kleineren. Demnach müsste die Sonne unsere Erde ganz locker ansaugen.

Aber keine Angst, das kann nicht passieren. Durch die schnelle Bewegung der Erde auf der *Erdbahn*, also dem »eiförmigen Kreis«, auf dem sie um die Sonne wandert, entstehen *Fliehkräfte* – genau wie der Zug nach außen beim Karussellfahren (mehr dazu könnt ihr auf Seite 220 lesen). Die Fliehkräfte sind genauso groß wie die Anziehungskraft der Sonne. Deshalb bleibt die Erde auf ihrer Umlaufbahn in genau der richtigen Entfernung zur feurigen Sonne. Auch wenn es manchmal so heiß ist, dass ihr Schüler hitzefrei kriegt, bleibt es insgesamt auf der Erde schön angenehm.

Willis Wissen: Die Sonne ist ein echt heißer Ofen: innen mehr als 15 Millionen Grad Celsius und außen immer noch 5.500 Grad Celsius!

Wenn Wärme nach oben steigt, wieso liegt dann oben auf den Bergen Schnee, weiter unten aber nicht?

Tristan aus Witzhave

Warme Luft ist leichter als kalte Luft und steigt deshalb nach oben. Nur darum fliegt auch der Heißluftballon. Weiter oben nimmt jedoch der Luftdruck ab, das heißt, jedes einzelne Luftteilchen hat mehr Platz. Stellt euch eine Gummibärchentüte vor: Die Tüte dehnt sich aus, deshalb liegen die einzelnen Gummibärchen weiter auseinander. Genauso verhält es sich mit der Luft: Sie wird warm, steigt nach oben, und jedes Luftteilchen hat oben mehr Platz. Die Luft wird »dünner«. Deshalb tun wir Menschen uns mit zunehmender Höhe auch schwerer mit dem Atmen.

Dieses ganze Aufsteigen und Ausdehnen ist ganz schön kompliziert. Für die Luft selber ist es aber auch ganz schön mühsam und kostet eine Menge Energie. Wenn sich die Luft ausdehnt, kühlt sie sich deshalb gleichzeitig ab. Je 1.000 Meter Höhe rechnet man im Durchschnitt mit einer Abkühlung um 6 Grad Celsius. Wenn es also unten im Tal noch 12 Grad Celsius warm war, hat sich die Luft oben am Gipfel der Zugspitze in knapp 2.000 Metern auf etwa null Grad abgekühlt. Mit der Luft wird natürlich auch der Berg kalt, der von der kalten Luft umgeben wird. Ihr wisst: Bei null Grad liegt der *Gefrierpunkt*, und es kann schneien. Auf dem Berg schneit's öfter als im Tal, weil die Luft oben kälter ist. Selbst wenn es im Frühling unten mehr als 10 Grad Celsius warm ist, kann weiter oben Schnee fallen.

Die durchschnittliche Abkühlung pro 1.000 Meter ist natürlich nur ein »Daumenwert«. Lufttemperatur und Wind entstehen immer durch den Austausch und die Durchmischung von wärmeren und kälteren Luftschichten (wie das genau funktioniert, erfahrt ihr im Wind-Kapitel auf Seite 215).Außerdem spielt es eine Rolle, wie trocken die Luft ist: Sehr trockene Luft kann sich pro 1.000 Meter sogar um 10 Grad Celsius abkühlen. Im Winter, wenn die Luft besonders trocken ist, wäre es in unserem Beispiel auf dem Gipfel der Zugspitze schon minus 8 Grad kalt, obwohl es im Tal immer noch – für den Winter gar nicht typisch – 12 Grad Celsius warm ist.

Willis Wissen: Heiße Luft steigt auf und dehnt sich aus. Das kostet so viel Energie, dass sie sich weiter oben wieder stark abkühlt. Deshalb ist es in den meisten Fällen auf dem Berg kälter als im Tal.

Warum gefrieren Wolken in großer Höhe nicht, obwohl sie aus Wasserdampf bestehen?

Nina aus Travemünde

Wolken können sehr wohl gefrieren! Das sagt Professor Bernhard Mayer vom Lehrstuhl für Experimentelle Meteorologie der Ludwig-Maximilians-Universität in Mün-

chen. Wolken entstehen meistens, wenn feuchte Luft abkühlt und zu Wasserdampf wird. Winzig kleine Wassertröpfchen schweben zusammen am Himmel und bilden eine Wolke. Die Tropfen sind wirklich winzig: In einen Würfel, der auf jeder Seite nur einen Millimeter lang ist, passen eine Million Stück. Das kann man sich fast nicht mehr vorstellen, aber es kommt noch besser: Obwohl so viele Tröpfchen auf engem Raum beisammenschweben, hat jedes einzelne genug Platz und Luft um sich herum, dass es nur sehr selten mit anderen zusammenstößt. In einer normalen Wolke geht es also ziemlich gemütlich zu.

Ganz anders sieht's in einer Gewitterwolke aus: Darin stürmt und tobt der Wind, und die Wolke bewegt sich viel

stärker. Dadurch stoßen auch die Wassertröpfchen öfter aneinander und frieren zusammen. Das kann so weit gehen, dass viele Tropfen zu einem großen Hagelkorn werden. Wenn das Hagelkorn auf dem Weg hinab durch wärmere Luftschichten nicht wieder schmilzt, knallt es irgendwann auf die Erde.

Aber zurück zu den ganz normalen, gemütlichen Wolken: Weil in der Lufthülle um die Erde, der *Erdatmosphäre*, viele wärmere und kältere Luftschichten aufeinandergestapelt sind, kann es passieren, dass die Wolke aus schwebenden Wassertröpfchen in ein Stockwerk gerät, das kälter ist als null Grad Celsius. Wenn Wasser unter null Grad gekühlt wird, entsteht nicht nur auf der Erde Eis, sondern auch am Himmel: Die Wolke gefriert.

Weil jedes Tröpfchen normalerweise viel Luft außenrum hat, frieren sie nicht aneinander und fallen daher auch nicht als dicker fetter Eisklumpen auf die Erde. Die einzelnen Tropfen frieren statt dessen zu feinen Eiskristallen, die sich mit noch flüssigen Tröpfchen mischen. Zwischen null Grad Celsius und minus 40 Grad Celsius ist die Wolke immer ein Gemisch aus »Eiströpfchen« und Wassertröpfchen. Erst wenn's noch kälter wird, gefrieren alle Teilchen in der Wolke, und es entsteht Eisnebel. Solche reinen Eiswolken bilden sich in den kältesten Luftschichten in ungefähr 10.000 Metern Höhe. Also dort oben, wo auch die großen Flieger fliegen.

In dieser Höhe und Kälte frieren die Eisteilchen in den Wolken oft auch aneinander und werden größer und damit schwerer. Sie lösen sich und sinken nach unten, wo sie in den wärmeren Luftschichten wieder auftauen und verdunsten. Das könnt ihr von unten sehen, wenn große Wolken ausfransen und aussehen, als hätten sie auf der Unterseite eine Strubbelfrisur.

Diese Eiswolken heißen *Zirruswolken*. »Cirrus« ist Lateinisch und heißt übersetzt »Haarlocke« oder »Federbusch«. Und so ähnlich sehen sie meistens auch aus. Was man sich ganz gut merken kann: Wenn Wolken sehr weit oben am Himmel stehen, sind sie vermutlich gefroren, weiter unten, dichter über dem Boden, bestehen sie wahrscheinlich überwiegend aus Wasserdampf.

Auch die weißen Streifen, die ihr manchmal hoch oben am Himmel hinter Flugzeugen beobachten könnt, sind nichts anderes als gefrorener Wasserdampf. Einziger Unterschied: Diese *Kondensstreifen* stammen vom Flugzeug und sind damit künstlich vom Menschen gemacht, Zirruswolken dagegen entstehen natürlich.

Warum haben die Wolken verschiedene Farben?

Wolken mit weniger Wasser oder Eis drin sind heller und weißer, weil sie mehr Sonnenstrahlen durchlassen. Dunkle Regen- oder Gewitterwolken sind so vollgepackt mit Wasser, dass kaum Licht durchkommt. Das Licht der Sonne trifft von oben auf die Wolke und wird wie von einem Spiegel zum größten Teil wieder zurückgeworfen. Je schwärzer die Wolke von unten ist, desto weißer ist sie von oben. Eben weil das Sonnenlicht nicht nach unten durchkommt, wird es wieder nach oben abgestrahlt. Wolken sind immer weiß oder grau. Wenn sie rot, gelb oder lila aussehen, liegt das an den Sonnenstrahlen, die von den Wassertröpfchen gestreut werden. Bei Abendrot am Himmel sind auch die Wolken (abend)rot. Mehr dazu steht im Kapitel über den blauen Himmel auf Seite 239.

Willis Wissen: Wasserteilchen in der Wolke gefrieren normalerweise nicht, weil sich die winzigen Tröpfchen nicht berühren – zumindest in niedrigen, entspannten Wolken nicht. In hohen Wolken oder in einer wilden Gewitterwolke kann das aber sehr wohl passieren. Dann frieren die Tropfen zusammen, und es können sogar Hagelkörner entstehen.

Wie viele Sterne gibt es?

Benji und Luca aus München

Wer soll denn die alle zählen? Dazu reicht ein Menschenleben niemals aus. Es gibt einfach so viele ...

Aber fangen wir mal klein an: Wenn wir irgendwo zu Hause abends in den Himmel schauen, dann sehen wir ein paar hundert Sterne, also vielleicht 200, 300 oder 400. Das geht natürlich nur, wenn keine Wolken am Himmel sind und wir ganz genau hinschauen. Trotzdem sehen wir nur ein paar. In den Städten strahlt nämlich viel zu viel Licht aus Fenstern und Geschäften, von Autos, Zügen und Straßenlaternen. Jede Lichtquelle in der Umgebung macht es umso schwerer oder sogar unmöglich, richtig viele Sterne zu sehen.

Deshalb bauen Sternforscher, die *Astronomen*, ihre riesigen Ferngläser (*Teleskop*e) auf hohen Bergen oder in Wüsten auf. Je weiter weg von Städten und künstlichem Licht, desto besser. Nehmen wir also mal an, wir schauen nicht zu Hause in der Stadt in den Himmel, sondern stehen mitten in der Wüste. Dann sehen wir mit unserem Auge schon ungefähr 5.000 Sterne. Sich da nicht zu verzählen, ist ganz schön schwierig.

Sternforscher mit ihren teuren Teleskopen sehen natürlich noch viel mehr Sterne. Allerdings können sie trotz modernster Technik auch nur die hellen richtig gut erkennen. Sie schätzen, dass es in unserer eigenen *Galaxie*, der Milchstraße, ungefähr 100 Milliarden Sterne gibt. Also 100.000.000.000 Stück.

Außerhalb der Milchstraße könnte es aber noch einmal 100 Milliarden andere Galaxien geben. Und wenn jede einzelne im Durchschnitt genau so viele Sterne hätte wie unsere, dann würde es schon 100 Milliarden mal 100 Milliarden Sterne geben. Das wäre eine Eins mit 22 Nullen: 10.000.000.000.000.000.000.000 Sterne. Irgendwo zwischen zehn Trilliarden und einer Quadrillion könnte die Zahl der Sterne liegen. Auf jeden Fall: unvorstellbar viele! Und vermutlich ist das noch längst nicht alles! Wahrscheinlich gibt es da draußen noch viel mehr Sterne, und es könnten locker noch ein paar Nullen dazukommen.

Nur eins ist sicher: Das Weltall ist irrsinnig groß – aber nicht unendlich. Also gibt es auch nicht unendlich viele Sterne. Manche Experten glauben aber, dass es mehr Sterne am Himmel gibt als Sandkörner auf der Erde. Das heißt: Es gibt mehr Sterne als alle Sandkörner aus allen Sandkästen, von allen Stränden und aus allen Wüsten der Welt!

Habt ihr mal die Sandkörner in einem Sandkasten gezählt? Sicher nicht. Allein eine Handvoll Sand zu zählen ist ja schon Wahnsinn. Stellt euch einen Würfel vor, der auf jeder Seite nur einen Zentimeter lang ist. Das ist kleiner als der Würfel, den ihr vom Kniffel-Spielen her kennt. Sehr, sehr ungefähr gerechnet, passen allein in diesen Mini-Würfel 100.000 Körner grober Spielsand hinein. Jetzt habt ihr vielleicht eine kleine Vorstellung davon, wie viele Sandkörner in einem normalen Sandkasten sind.

Unglaublich, oder? Es könnte vielleicht sogar mehr Sterne am Himmel geben als Sand auf der Erde. Also wenn ihr mich fragt, leuchten da zumindest »gefühlt unendlich« viele Sterne am Himmel …

Willis Wissen: Es gibt unGLAUBLICH viele, aber nicht unENDLICH viele Sterne am Himmel. Mindestens eine Eins mit 22 Nullen, vielleicht aber auch noch ein paar Nullen mehr.

Dank

Besonderer Dank geht

– an alle neugierigen Kinder da draußen. Bleibt so wie ihr seid! Nämlich: super!

– an das Team von *Willi wills wissen* und *Gute Frage, nächste Frage* bei der Firma megaherz. Außerdem an unsere Unterstützer beim Bayerischen Rundfunk und beim Ullstein Verlag, allen voran Andreas Reinhard, Dr. Christoph Steskal und Friederike Haller.

– und natürlich an Verwandte und Freunde, die sich immer geduldig mit guten Fragen und Antworten »bombardieren« ließen.

Vielen Dank für die tatkräftige inhaltliche Unterstützung auch an folgende Experten:

Prof. Katrin Amunts, Institut für Neurowissenschaften und Medizin, Forschungszentrum Jülich; ***Manuela Balint***, Gelenkzentrum Berlin; ***Simone Balzer***, Statistisches Bundesamt, Wiesbaden; ***PhD Andreas Bartels***, Max-Planck-Institut für biologische Kybernetik, Tübingen; ***Prof. Thomas Beck***, Klinik für Gynäkologie und Geburtshilfe, Klinikum Rosenheim; ***Dr. Martin Becker***, Opel-Zoo, Georg von Opel – Freigehege für Tierforschung, Kronberg;

Prof. Peter Becker, Institut für Vogelforschung »Vogelwarte Helgoland«, Wilhelmshaven; ***Wolfgang Berger***, Berger Biotechnik, Hamburg; ***Dr. Bernhard Blaszkiewitz*** und ***Kirsten Bauerfeld***, Zoologischer Garten Berlin; ***Dr. Peter Breckling***, Deutscher Fischerei-Verband, Hamburg; ***Prof. Eva-Bettina Bröcker***, Universitäts-Hautklinik, Universität Würzburg; ***Christa Bühler***, Weltfußballverband FIFA, Zürich; ***Silvia Darmstädter***, Deutscher Feuerwehrverband, Berlin; ***Prof. Hans-Christoph Diener***, Neurologische Universitätsklinik Duisburg-Essen; ***Michaela Doepke***, Deutsche Buddhistische Union, Schondorf; ***Christian Driesen***, TerraZoo, Rheinberg; ***Marie Dubitsky***, Kaugummi-Verband, Ottendichl-Haar; ***Bernhard Emmer***, Fakultät für Physik, Ludwig-Maximilians-Universität München; ***PhD Wolfgang Enard***, Max-Planck-Institut für evolutionäre Anthropologie, Leipzig; ***Thomas Erich***, Lufthansa Technik, Hamburg; ***Dr. Holger Erne***, Zentrum für Handchirurgie, Mikrochirurgie, Plastische Chirurgie der Orthopädischen Klinik München-Harlaching; ***Dr. Michael Flaig***, Klinik und Poliklinik für Dermatologie und Allergologie der Ludwig-Maximilians-Universität München; ***Dr. Michael Flügger***, ***Eveline Düstersiek*** und ***Michaela Geist***, Tierpark Hagenbeck, Hamburg; ***Petra Friedrich***, Deutscher Imkerbund, Wachtberg; ***Dr. Manfred Gaida***, Deutsches Zentrum für Luft- und Raumfahrt (DLR), Bonn; ***Heidi-Maria Götz***, Universität Stuttgart; ***Herbert Graser***, Eurocopter Deutschland, Donauwörth; ***Dr. Ali Gülhan***, Deutsches Zentrum für Luft- und Raumfahrt (DLR), Köln; ***Dr. Bettina Gundler***, Verkehrszentrum des Deutschen Museums, München; ***Dr. Simone Hagenmeyer***, Zoo Hannover; ***Christel Hammann***, Museum Kulturgeschichte der Hand, Wolnzach; ***Wolfgang Hanspach***, Deutsches Straßenmuseum, Germersheim; ***Peter Heimann***, Pfarrbüro Mariä Himmelfahrt, Dachau; ***Tobias Herwerth***, VfB Stuttgart; ***Dr. Axel Heßland*** und ***Danuta Dworaczek***, Industrieverband Klebstoffe, Düsseldorf; ***Gerrit Hohenhoff***, Vogelspinne e.V., Hannover; ***Birgit Jensen***, Bundesverband WindEnergie, Berlin; ***Dr. Ivonne Kamradt***, Naturpfade – ganzheitliche Umweltbildung, Jena; ***Karin Keller***, Deutscher Fußballbund (DFB), Frankfurt am Main; ***Christian Klaue***, Deutscher Olympischer Sportbund (DOSB), Frankfurt am Main; ***Prof. Jonas Kley***, Institut für Geowissenschaften der Universität Jena; ***Konstantin Krüger***, Hamburger Sportverein (HSV); ***Lutz-Ulrich Kubisch***, Deutsches Technikmuseum, Berlin; ***Dr. Dieter Kunz***, Abteilung für Schlafmedizin im Berliner St. Hedwig-Krankenhaus; ***Gregor von Kursell***, European Aeronautic Defence and Space Company (EADS), München; ***Rabbiner Steven Langnas***, Israelitische Kultusgemeinde München und Oberbayern, München; ***Dr. Andrea Liebers***, Autorin www.buddhakids.de und www.buddhateens.org, Heidelberg; ***Uwe Lippmann***, Volkssternwarte Urania, Jena; ***Prof. Holger Martens***, Department of Veterinary Physiology, Freie Universität Berlin; ***Prof. Bernhard Mayer***, Ludwig-Maximilians-Universität, Lehrstuhl für Experimentelle Meteorologie, München; ***Dr. Dörte Mehlert***, Deutsches SOFIA Institut, Universität Stuttgart; ***Andreas Menzer***, Gehörlosen Institut Bayern, Nürnberg; ***Monika Merkle***, Deutsches Institut für Schneckenzucht, Nersingen; ***Dr. Jürgen Moosburger***, Querschnittzentrum im SRH

Klinikum Karlsbad-Langensteinbach, Karlsbad; ***Dr. Hans-Christoph Oelker*** und ***Dr. Christian Albert***, EADS-Military Air Systems, Manching; ***Thilo Panzerbieter***, German Toilet Organization, Berlin; ***Thomas Rohlfing***, Deutsche Wurlitzer GmbH, Hüllhorst; ***Lena Rütten***, Mars Deutschland, Verden; ***Dr. Georg Sanders***, Nestlé Purina PetCare, Euskirchen; ***Rolf Schamberger*** und ***Gerd Schrammen***, Deutsches Feuerwehrmuseum, Fulda; ***Dr. Stefan Scheugenpflug*** und ***Marcus Wandinger***, Bayerisches Landesamt für Vermessung und Geoinformation, München; ***Sabrina Schmitz***, Deutsches Zentrum für Luft- und Raumfahrt (DLR), Köln; ***Florian Sicks***, Zoo Dortmund; ***Dr. Volker Sobick***, Deutsches Zentrum für Luft- und Raumfahrt (DLR), Bonn; ***Prof. Joachim Speidel***, Institut für Nachrichtenübertragung der Universität Stuttgart; ***Christian Stiefenhofer***, Dokurama, München; ***Prof. Stefan Tenbohlen***, Institut für Energieübertragung und Hochspannungstechnik der Universität Stuttgart; ***Gunnar Voet***, Institut für Meereskunde, Zentrum für Meeres- und Klimaforschung der Universität Hamburg; ***Marianne Wagner***, Initiative ProHaar, Haar; ***Britta Warner***, Internationales Olympisches Komitee (IOC), Lausanne/Schweiz; ***Dr. Meike Watzlawik***, Institut für Psychologie der TU Braunschweig; ***Franz Wessendorf***, Bundesministerium des Innern, Berlin; ***Prof. Helmut Wilhelm***, Department für Augenheilkunde der Universität Tübingen; ***Prof. Hans Wolff***, Klinik und Poliklinik für Dermatologie und Allergologie der Ludwig-Maximilians-Universität München; ***Dr. Romina Zimmermann***, Tierärztliche Klinik Oberhaching.

Eoin Colfer
Fletcher Moon – Privatdetektiv

Roman. www.list-taschenbuch.de
ISBN 978-3-548-60661-3

Der angebliche Diebstahl der Haarlocke eines Stars verwickelt Fletcher Moon, den erst zwölfjährigen Privatdetektiv, in die brisanteste Ermittlung seiner Karriere. Diesmal geht es um mehr als den Diebstahl von Pausenbroten; es geht um Brandstiftung, Körperverletzung und Raub. Unter Verdacht steht Fletchers Mitschüler Red Sharkey, der aus einer berüchtigten Gangsterfamilie stammt. Doch Fletcher weiß, dass der erste Eindruck oft trügerisch ist.

»Das Schreiben macht dem irischen Autor riesigen Spaß. Das spürt man bei jedem Satz dieses turbulenten Krimis.« *Die Zeit*

List Taschenbuch